NEW REVISED
BUSINESS LETTER HANDBOOK
SPANISH/ENGLISH

Barbara Steel de Meza

MANUAL DE CORRESPONDENCIA COMERCIAL
ESPAÑOL/INGLÉS

REGENTS PUBLISHING COMPANY, INC.

Published by
Regents Publishing Company, Inc.
Two Park Avenue
New York, N.Y. 10016

PRINTED IN THE UNITED STATES OF AMERICA

ISBN 0-88345-520-X   *9-86*

*To my mother, whose letters are legion
and whose inspiration unfailing,
and to my daughter, Rosalinda Meza-Steel,
whose multilingual missives are exquisite
examples of the art.*

Foreword

A well-written letter, in the language of the recipient, is undoubtedly the best tool for implementing consistently good public and commercial relations at the command of the company dealing with foreign customers. This book is an attempt to provide a guide to the proper handling through correspondence of the situations which arise most frequently in international business.

Commercial correspondence has become a highly polished art. Contemporary experts in the field have vigorously attacked the use of hackneyed phrases and outdated clichés, and the letter that leaves the premises of today's up-to-date American business office is a purposeful and effective missive.

Evolution of the art of business-letter writing in Spanish has been somewhat slower. There is a tradition to cling to time-honored and elaborate expressions, particularly in the formal salutation and closing. Since these will doubtlessly continue to appear for years to come in incoming correspondence, we have included samples of them in the model letters. Specific recommendations with regard to modern usage are, however, to be found in the appropriate sections of the text on "How to Write a Letter in Spanish."

Since Mexico is now the largest Spanish-speaking country, as well as the one most closely and actively involved in import-export activity with the United States, and Los Angeles is the fifth largest Spanish-speaking city in the world, accepted usage in Mexico has been somewhat emphasized. There is always a certain amount of variation in the vocabulary used in the different countries where Spanish is spoken. We have tried in every case to avoid strictly local expressions (such as the salutation used commonly in Argentina and Chile: "De mi mayor estimación"!) and to make the model letters universally applicable.

A word of recommendation to the ambitious bilingual secretary: when you come across a particularly felicitous turn of phrase in a letter in the language you are trying to master, make a note of it for future use. A card-file of such notations in Spanish, Portuguese and French when the writer first embarked on a Latin American career many years ago at the Pan American Union, was the beginning of the present book.

We hope that everyone in charge of bilingual correspondence will find the suggestions in this book practical and concise.

Heartfelt thanks are due my husband, Luis A. Meza, for his patient assistance and advice, and the benefit of his truly remarkable knowledge of the Spanish language.

B.S.M.

IV

Introducción

Una carta bien redactada, en el idioma del destinatario, constituye sin duda el mejor medio que puede utilizar una compañía para lograr las mejores relaciones con sus clientes extranjeros. La finalidad del presente libro es de servir de guía en las relaciones por correspondencia, de aquellos asuntos que con más frecuencia se presentan en el comercio internacional.

El arte de escribir una buena carta comercial forma parte muy importante actualmente de la mercadotecnia necesaria en todas las actividades del comercio. Sin embargo, poco se ha escrito en español sobre la correspondencia en inglés y viceversa, por lo que esperamos que este libro satisfaga dicha necesidad.

Los expertos en esta materia atacan con vigor el uso de expresiones arcaicas tales como "your favor of the 10th instant," insistiendo en que para más claridad y éxito, la carta debe ser moderna tanto en el lenguaje como en su contenido y estructura. Cambios similares ya se están haciendo, aunque más paulatinamente, en español: "su grata del mes en curso (o próximo pasado)" va desapareciendo en favor de "su atenta carta del 10 de mayo". La costumbre de suscribir "afmos. attos. y ss. ss." se sustituye hoy con más sencillez por "atentamente", dejando que en el texto de la carta se exprese según las circunstancias el grado de amistad o de cortesía. Además, dado el gran aumento en el volumen de correspondencia que se maneja actualmente en el desarrollo del comercio internacional, se ha visto la necesidad de eliminar expresiones anacrónicas.

Tanto en el texto de "La carta en inglés" como en las cartas modelo se emplea el idioma comercial en vigor en los Estados Unidos. En algunas cartas en español se han incluido, para que la secretaria de habla inglesa pueda reconocerlas, expresiones quizá un poco en desuso teniendo en cuenta que aún existen algunas oficinas muy conservadoras que suelen emplearlas. Por lo demás, todos los textos están de acuerdo a la concepción moderna.

Confiamos en que la secretaria bilingüe o cualquier persona que quiera escribir correctamente una carta en inglés encuentre este libro de gran utilidad.

Quiero agradecer de una manera muy especial la cooperación de mi esposo, Luis A. Meza, asesor sin igual, cuyos amplios conocimientos del idioma español han motivado siempre mi admiración sincera.

B.S.M.

CONTENTS
ÍNDICE

1/   WRITING LETTERS IN SPANISH   1

Letterhead	1
Date Line	1
Special Mailing and Other Notations	2
Inside Address	2
Attention Line	4
Salutation	4
Reference Line	5
Body of the Letter	5
Word Division	6
Punctuation	7
Complimentary Close	7
Signature	8
Initials	8
Enclosures	8
Postscript	9
Carbon Copy Notations	9
Second Sheets	9
Envelope	9
Styles	10
Full Block	10
Standard Block	10
Semiblock (Indented)	10
Overhanging	11
Margins	16
Punctuation Styles	16
Open Punctuation	16
Closed Punctuation	17
Mixed Punctuation	17
Writing Numbers	17

2/   LA CARTA EN INGLÉS   19

El membrete	19
La fecha	19
Anotaciones especiales para el envío de la correspondencia	20

La dirección interior   20
A la atención de ...   21
El saludo   21
La referencia   22
El mensaje   22
La división de palabras   23
La cortesía final   23
La firma   24
Las iniciales   24
Anexos   24
Postdata   25
Hojas adicionales   25
El sobre   25
Copias extra   26
Abreviaturas de los estados de EE.UU.   26
Estilos   27
    Bloque completo   27
    Bloque estándar   27
    Semibloque   27
    Colgante   27
Los márgenes   32
Estilos de puntuación   33
    Puntuación abierta   33
    Puntuación cerrada   33
    Puntuación mixta   33
Transcripción de cifras   33

3/ PREFACIO A LAS CARTAS MODELO   34
PREFACE TO MODEL LETTERS   35

I SOLICITUDES   36
REQUESTS AND INQUIRIES   37

1   Compañia solicita representación exclusiva   36
· Requesting sole representation (by a company)   37

2   Individuo solicita representación exclusiva   38
· Requesting sole representation (by an individual)   39

3   Se concede representación exclusiva   38
· Granting a request for sole representation   39

4   Se niega representación exclusiva   40
· Denying a request for sole representation   41

5   Se solicita representante exclusivo   40
· Offering exclusive representation   41

6   Solicitud de precios y condiciones de venta   40
· Requesting prices and terms   41

7   Solicitud de catálogos   42
   · Requesting catalogs   43

8   Solicitud de muestras   42
   · Requesting samples   43

9   Petición de nombre de un distribuidor   42
   · Requesting a distributor's name   43

10   Solicitud de material para publicidad   42
   · Requesting advertising material   43

11   Solicitud de folleto   44
   · Requesting a booklet   45

12   Solicitud de precios de subscripción   44
   · Requesting subscription prices   45

II   PUBLICIDAD Y VENTAS   46
   PROMOTION AND SALES   47

1   Apertura de negocio   46
   · Announcing a new firm   47

2   Envío de lista de precios   48
   · Enclosing a price list   49

3   Alza de precios   48
   · Increasing prices   49

4   Campaña de propaganda   48
   · Offering promotional material   49

5   Envío de muestras   50
   · Sending samples   51

6   Mantenimiento de precios   50
   · Announcing no change in pricing   51

7   Oferta especial   50
   · Announcing a special offer   51

8   Nombramiento de representante exclusivo   52
   · Announcing exclusive representation   53

9   Confirmación de pedido directo   52
   · Acknowledging a direct order   53

10   Aviso al agente de un pedido directo   52
   · Informing a representative of a direct order   53

III PEDIDOS Y REMESAS   54
PLACING AND FILLING ORDERS   55

1   Pedido de mercancía por correo certificado   54
· Requesting shipment by registered mail   55

2   Pedido de mercancía C.I.F. o F.O.B.   56
· Placing a C.I.F. or F.O.B. order   57

3   Pedido urgente, envío aéreo   56
· Requesting rush order by air   57

4   Acuse de recibo de pedido   56
· Acknowledging an order   57

5   Aviso de despacho de pedido   56
· Giving notice of shipment   57

6   Imposibilidad de surtir pedido   58
· Giving notice an order cannot be filled   59

7   Suspensión de artículos   58
· Announcing discontinuation of products   59

8   Nuevo pedido, liquidación de saldo anterior   58
· Submitting a new order with remittance   59

9   Solicitud de factura pro forma   60
· Requesting a pro forma invoice   61

10   Solicitud de instrucciones para envío   60
· Requesting shipping instructions   61

11   Ventajas de la consolidación de pedidos   60
· Suggesting a consolidation of orders   61

12   Solicitud de renovación de pedidos   62
· Urging a client to reorder   63

IV CRÉDITOS, PAGOS Y COBROS   64
CREDITS, PAYMENTS AND COLLECTIONS   65

1   Solicitud de referencias al cliente   64
· Requesting credit references   65

2   Petición de informes comerciales   66
· Requesting credit information   67

3   Petición de informes bancarios   66
· Requesting credit information from a bank   67

4 Informes favorables   66
   · Giving favorable information   67

5 Informes desfavorables   68
   · Giving unfavorable information   69

6 Autorización de crédito   68
   · Authorizing credit   69

7 Suspensión de crédito   68
   · Discontinuing credit   69

8 Excusa por demora de pago   70
   · Apologizing for a delay in payment   71

9 Suspensión de pedido por falta de pago   70
   · Holding an order because of overdue payment   71

10 Recordatorio de pago   70
    · Sending a payment reminder   71

11 Insistencia en el pago   72
    · Insisting on payment   73

12 Demanda por falta de pago   72
    · Announcing legal action   73

V RECLAMACIONES Y AJUSTES   74
   CLAIMS AND ADJUSTMENTS   75

1 Cancelación de pedido por demora   74
   · Canceling an order due to a delay   75

2 Rechazo de mercancía   76
   · Refusing a shipment   77

3 Devolución por error en el embarque   76
   · Returning an incorrect shipment   77

4 Crédito por mercancía invendible   76
   · Requesting credit for unsalable merchandise   77

5 Embarque incompleto   78
   · Giving notice of an incomplete shipment   79

6 Rechazo de responsabilidad por pérdidas   78
   · Disclaiming responsibility for losses   79

7 Queja por demora en embarque   78
   · Making a complaint about a shipping delay   79

8   Queja por mal embalaje   80
    · Making a complaint about poor packing   81

9   Excusas por mal embalaje   80
    · Apologizing for poor packing   81

10 Precios equivocados   80
    · Correcting an error in prices   81

11 Errores de contabilidad   82
    · Correcting accounting errors   83

12 Excusas por errores de contabilidad   82
    · Apologizing for accounting errors   83

VI VIAJES Y VISITAS   84
    TRAVEL AND TRIP ANNOUNCEMENTS   85

1   Aviso de viaje de representante   84
    · Announcing a representative's trip   85

2   Anuncio de visita   86
    · Announcing a prospective visit   87

3   Reservación de hotel   86
    · Making a hotel reservation   87

4   Reservación de hotel por medio de un amigo   86
    · Making a hotel reservation through a friend   87

5   Aplazamiento de reservación de hotel   88
    · Postponing a hotel reservation   89

6   Confirmación de hotel por medio de un amigo   88
    · Confirming a hotel reservation through a friend   89

7   Confirmación de hotel para un amigo   88
    · Confirming a reservation for a friend   89

8   Cambio de itinerario   90
    · Announcing a change of itinerary   91

9   Cancelación de viaje   90
    · Announcing the cancellation of a trip   91

10 Agradeciendo ayuda durante viaje   90
    · Expressing thanks for assistance during a trip   91

VII   CARTAS RUTINARIAS   92
         ROUTINE OFFICE LETTERS   93

  1   Confirmación de cable   92
      · Confirming a cable   93

  2   Confirmación de conversación telefónica   94
      · Confirming a telephone conversation   95

  3   Acuse de recibo de correspondencia   94
      · Acknowledging receipt of a letter   95

  4   Aviso de omisión de anexos   94
      · Informing a company of omitted enclosures   95

  5   Secretaria manda anexos omitidos   96
      · Secretary forwarding omitted enclosures   97

  6   Cambio de dirección   96
      · Announcing a change of address   97

  7   Carta sin contestación   96
      · Inquiring about an unanswered letter   97

  8   Excusas por no haber contestado   98
      · Apologizing for failure to reply   99

  9   Carta sin contestación por no haber sido recibida   98
      · Explaining that an unanswered letter was never received 99

 10   Secretaria acusa recibo de una carta   98
      · Secretary acknowledging receipt of a letter   99

 11   Secretaria remite documentos   100
      · Secretary forwarding documents   101

 12   Carta de recomendación   100
      · Sending a letter of recommendation   101

VIII   CARTAS PERSONALES-COMERCIALES   102
          PERSONAL BUSINESS LETTERS   103

  1   Solicitud de empleo   102
      · Applying for a job   103

  2   Se concede entrevista   104
      · Granting an interview   105

  3   Carta de renuncia (finiquito)   104
      · Sending a letter of resignation and quitclaim   105

4 Felicitaciones por aniversario 104
  · Sending congratulations on an anniversary 105

5 Felicitaciones por Año Nuevo 106
  · Sending New Year's greetings 107

6 Carta aceptando invitación 106
  · Accepting an invitation 107

7 Carta rehusando invitación 106
  · Declining an invitation 107

8 Agradecimiento por atenciones 106
  · Showing appreciation for hospitality 107

9 Agradecimiento por regalo 108
  · Sending a thank-you note 109

10 Carta de presentación 108
  · Sending a letter of introduction 109

11 Carta de pésame 108
  · Sending a letter of sympathy 109

12 Felicitaciones por onomástico 110
  · Sending best wishes on a person's Saint's Day 111

4 /   EJERCICIOS 112
        EXERCISES 113

BUSINESS
LETTER
HANDBOOK
SPANISH/ENGLISH

MANUAL DE
CORRESPONDENCIA
COMERCIAL
ESPAÑOL/INGLÉS

WRITING LETTERS IN SPANISH 1

LETTERHEAD

The letterhead is automatically an integral part of the business letter. It is the printed presentation of details of the organization on all stationery used by the office for correspondence with other companies. It may include all or part of the following:

a. Name of the organization or individual
b. Description or indication of the nature of the business: "Publishers," "Manufacturers' Representative," etc.
c. Street address and/or postal address
d. City, postal zone (zip code in U.S.) and country
e. Telephone numbers
f. Cable address and any codes used; Telex number.

When any of the details necessary to enable the correspondent to address his or her reply properly are omitted, they must be supplied by the typist. Sometimes this is done in simulated letterhead form. Otherwise the information is incorporated into the heading customary in personal or business letters written on plain stationery. The address precedes the date line in the upper right-hand corner of the page:

> 226 Penn Street
> Huntingdon, PA   16652
> 10 de noviembre de 1999

It is recommended that firms whose letterhead gives only the post office address be requested to supply details of street location. Commercial travelers frequently waste valuable time on Latin American trips, trying in vain to locate elusive customers through the telephone directory or post office box number.

DATE LINE

The traditional form for the date line in Spanish is: the day, in Arabic numerals; followed by "de" and the month; again followed by "de" and the year. Note that the name of the month is neither capitalized nor abbreviated.

12 de febrero de 1985   23 de marzo de 1999

1

This form is traditional and acceptable in all Spanish-speaking countries.

An innovation gradually acquiring a degree of popularity is a direct translation of the most common English date line:

Febrero 12, 1999   Marzo 23, 1985

Another modern variant is: Febrero 12 de 1999.

In the examples just given, the month is capitalized because it begins the line.

SPECIAL MAILING AND OTHER NOTATIONS

When the letter is to receive special handling, such as registered mail (Correo Registrado, or Certificado) or special delivery (Entrega Inmediata), the appropriate notation is placed two spaces above the inside address. It should of course also appear on the envelope — preferably in both languages, so that the service desired is clearly understood by postal employees both at the point of origin and at the destination. Companies which have frequent occasion to send special delivery letters to Spanish-speaking countries are advised to have a rubber stamp made with "Entrega Inmediata" in large letters, since the English version is often overlooked by foreign postal clerks.

Airmail is so extensively used for overseas business correspondence that a specific notation to this effect is rarely employed except in combination with another form of special handling: "Correo Aéreo Registrado."

The use of airmail envelopes with distinctive marking for this purpose is essential. Many firms find it equally advisable to make up special airmail labels, distinctly bordered with the customary red and blue stripes, for packages or manila envelopes sent by air, since a typed or rubber-stamped airmail indication is sometimes disregarded by the forwarding post office.

This is also the place to include a notation of "Personal" or "Confidencial." As in English, where these indications apply — whether the letter is confidential or personal or both — the envelope should bear the notation "Personal" only.

The foregoing notations may be written in capital letters and/or underscored if desired. The purpose of including them in the letter itself, as well as on the envelope, is to have the corresponding record on the carbon copy which is retained in the office files.

INSIDE ADDRESS

The inside address should be written exactly as it appears on the envelope, with the possible exception of spacing: the inside address is almost always single-spaced, the outside one may be double-spaced.

It should be placed four lines below the date if the letter is long, seven lines below the date if the letter is short. This spacing may of course be adjusted for the best appearance of the letter.

Many Latin American letterheads include both a street address and a postal address. Where the latter is given, it should always be used for correspondence. In Mexico and several other Spanish-speaking countries, this will be "Apartado" (abbreviated "Apdo.") or "Apartado Postal." In Chile and Argentina it is "Casilla." (In Brazil, it is "Caixa Postal." But if correspondence cannot be sent in Portuguese, most Brazilians seem to prefer letters in English rather than Spanish.)

There is of course nothing to be gained by sending a letter special delivery if it is addressed to a post office box, and the secretary should be advised to avoid this inadvertent waste of postage.

In the inside address and on the envelope, the terms *señor, señora, señorita, doctor, licenciado, ingeniero,* etc., may be abbreviated, in which event they are capitalized: *Sr., Sra., Srta., Dr., Lic., Ing.*

Where the title or official position of the addressee is included in the inside address, it follows the name. It is not abbreviated. If it is too long to appear in its entirety on the first line and still remain in proportion with the following lines, it may be carried over to an indented second line:

Sr. Juan Pérez, Tesorero
Productos Químicos, S.A.

Sr. Dr. Guillermo Méndez, Jefe
del Comité de Crédito
Banco del Inversionista

The name of the individual should be written exactly as his or her signature (or the typed form thereof, if you are lucky enough to find one) indicates. The company name should also be transcribed just as it appears on their letterhead. The use of the ampersand (&) is rare in Spanish, but if it is used it should be copied faithfully, as should any abbreviation used in the company's version of its name.

"Norte" and "Sur" are not abbreviated in Spanish, but "Ote." and "Pte." are frequently used as abbreviations for East (Oriente) and West (Poniente).

Care should be taken not to confuse "Carrera" and "Calle." In some cities, such as Bogotá, Colombia, the calles are perpendicular to the carreras, and since both bear numerical names, it is important to be sure the proper distinction is made.

In Spanish addresses, the number follows the name of the street:

Ave. Madero 25   Alpes 34   Calle Florida 960

As in English, the abbreviation "No." (for *número*) and the symbol "#" are unnecessary. "No." should only be used to separate the two numerical units where the street name is also a number:

Calle 98 No. 33   Carrera 7a No. 14-21

"Care of" or "c/o" is "A cargo de" or "a/c" in Spanish. The quaint practice still prevalent in some provincial parts of the Spanish-speaking Americas of indicating "Domicilio conocido" and relying on the letter carrier's familiarity with the addressee's whereabouts is not recommended as efficient procedure in modern business correspondence.

In personal and occasional executive or official letters, the inside address sometimes follows the body of the letter, at the left-hand margin as usual, but below the signature. When this is done, notations of initials, enclosures or carbon copies are eliminated, giving the letter a more distinctive and elegant appearance.

3

ATTENTION LINE

The "attention" line, if used, should be placed two spaces below the inside address, and two spaces above the salutation. It may be centered on the page, slightly indented, or flush with the left margin; underscored, if desired.

It is used most frequently to expedite handling, so that the letter reaches the proper department without loss of time:

Atención del Depto. de Contabilidad

"Atención" is sometimes abbreviated "At."

Putting the name of a person here, rather than with the inside address, insures prompt handling by a substitute in his or her absence, or by a successor if he or she has been replaced. As in English, even if the letter is directed to the attention of an individual, the salutation may be impersonal since it is addressed to the company:

Estimados señores:

SALUTATION

The salutation, or greeting, is placed two spaces below the inside address, or the attention line, if any. It is followed by a colon, except in England, where a comma is preferred.

More often than not, the salutation in Spanish business letters is impersonal. This is certainly accepted usage, and it is perfectly correct. One reason for its continued prevalence might be the abundance of flourishing but illegible signatures, unfortunately without the benefit of a typewritten transcript. However, the same modern business psychology that has gradually done away with "Dear Sir" in English transcends language barriers in recommending the use of the addressee's name — the personal touch — wherever possible. As a result, the hackneyed "Muy señor mío" and "Muy señores nuestros" are now being discarded in favor of more up-to-date greetings.

The abbreviation of terms of address, permissible on the envelope and in the inside address, should not be used in the salutation: "señor" is written out in full, and is not capitalized. Abbreviation is permitted where the term is followed by a proper name ("Estimado Sr. Gómez"), but the non-abbreviated form is preferable. Recommended forms of the salutation are:

Estimado señor:	Estimados señores:
Distinguido señor:	Distinguida señora:
Estimado señor Huerta:	Muy estimables señores:
Estimable cliente y amigo:	Muy estimada señora Juárez:
Estimado amigo Muñoz:	Señores:

A curious variation is sometimes noted in letters from Argentina and Chile which employ the following phrase as a salutation: "De mi mayor consideración:"

Occasionally the recipient of a letter in Spanish may be addressed

4

as "Sr. D. Rogelio Suárez," and the salutation will be "Muy estimado don Rogelio." This relic of courtliness from colonial days is now rarely used, particularly in letters. Should one be honored with it, however, it is only fair to return the compliment to the "don" or "doña" in question.

When a letter is signed by a woman, the problem of whether to address the writer as "señorita" or "señora" arises; particularly since this distinction is never made in the typed version of the signature. A good rule of thumb is that when the surname is preceded by "de," a married woman is indicated. In Spanish-speaking countries the bride retains her maiden name, simply adding "de" and the surname of her husband. Anita Smith, upon marrying Juan Medina, becomes Anita Smith de Medina and is addressed: "Sra. Anita Smith de Medina."

When, as is very often the case, the addressee has two surnames, it is always safe to use both. The best rule is to follow the indication of the signature. By all means, avoid the error of addressing Jorge González Pérez as "Sr. Pérez," which would be tantamount to calling Henry Wadsworth Longfellow "Mr. Wadsworth." The final name is a matronymic, the surname of the person's mother. The children of the happy couple mentioned above will bear the surname "Medina Smith."

REFERENCE LINE

If a reference, or subject, line is used, the appearance of the letter is neatest when this is placed two lines under the salutation and centered on the page. It is however sometimes found, particularly in government office communications in various Spanish-speaking countries, just under the date line.

The word "Referencia" or "Asunto" or the abbreviation "Ref." or "Re:" may be used. This line is often underscored for emphasis.

BODY OF THE LETTER

The body or text of the letter begins after skipping one space following the salutation (or reference line, if there is one). Two spaces should be skipped if the letter is to be double-spaced. In any case, there should be a double space (i.e.,a blank line) between paragraphs.

Particular care must be observed in proper paragraphing in letters written in another language, where clarity is even more essential than usual. Each paragraph should deal with one topic. Impeccable usage decrees that a proper business letter should restrict itself to the discussion of one subject or theme. Today, when both executives and secretaries are usually pressed for time and airmail rates represent a significant economic factor, it is a frequent practice to include in the same letter all the items the writer may wish to discuss with his or her foreign correspondent. This makes the clear delineation of ideas in separate paragraphs even more essential.

For greater clarity, topic headings may be used at the beginning of (or on the line preceding) each paragraph, either capitalized or underscored for emphasis.

WORD DIVISION

In Spanish as in English, the right margin is kept as straight as possible, breaking words where necessary for this purpose. Some Spanish letter-writers underline the last letter instead of using a hyphen where a word is broken. Others use a series of hyphens, carried out to a certain point on the page, to keep the right margin completely uniform. Both practices should be avoided. Judicious use of the single hyphen is recommended.

The problem of where to divide an English word when part of it must be carried over to the next line is conveniently solved with the aid of any good dictionary or the useful WEBSTER'S NEW WORLD WORD BOOK. Spanish dictionaries are not so accommodating, so that the secretary writing in this language must master a few simple rules.

The main thing to remember is to break the word after a vowel, starting the new syllable with a consonant if possible. In other words, an intervocalic consonant remains affixed to the vowel or vowels which follow, rather than those that precede it.

mi ra dor cu ca ra cha de li ca do

Two separate consonants occurring between vowels are divided, one at the end of a syllable and the other at the beginning of the next:

del fín has ta muer de

man jar ton to

But remember that the characters *ch, ll* and *rr* are each considered a single letter in the Spanish alphabet and may not be separated:

mu cha cho bol si llo man za ni lla re lle no

ca rre ra fe rro ca rril

Prepositional prefixes are kept intact, as in English:

por ve nir ab di car ex po ner

des a cuer do in ol vi da ble

When the syllable after the prefix begins with *s* followed by another consonant, the division is made after the *s:*

abs trac to cons pi rar ins ti gar

pers pec ti va subs ti tu to

Any consonant other than *s* which precedes the liquid consonants *l* and *r* is considered inseparably wedded to them — with the exception of the previously mentioned prefixes:

ta bla sa bro so ma dre si glo ce re bro

su pre mo bui tre re tra to

but: sub ra yar   es la bón   ad jun to

Vowels which are joined in diphthongs or triphthongs must not be separated:

cui da do   ci güe ña   guar dia   mo ri réis

Where the diphthong or triphthong has been broken by the use of an accent, or where two separately pronounced vowels occur together, a division may be made:

ba úl   cre er   le al   pa ís

A syllable consisting of a single vowel should not be divided from the rest of the word in such a way that it stands alone either at the beginning or the end of a line.

PUNCTUATION

In most cases, punctuation in Spanish follows the same general rules as in English. Occasionally commas crop up in long sentences — and sentences do tend to be longer in Spanish — for which the purist is unable to find a precise explanation. The rule here seems to be that whenever a part of the sentence becomes particularly lengthy or involved, a comma is inserted; for instance, if the subject of the sentence runs to a dozen words or so, a comma may divide it from the verb. Writers of business letters are urged not to take advantage of this special license, but rather to keep sentences short and to the point.

A singular exception to the similarity of English and Spanish punctuation is the use of the upside-down question mark and exclamation point. In exclamations and questions in Spanish, the appropriate punctuation marks are used in pairs, in much the same manner as quotation marks. The placement of the upside-down member, the first of the two, is slightly tricky. In a short interrogatory or exclamatory sentence, it goes at the beginning. Where, however, the actual question or exclamation is a part of a longer sentence, the initial punctuation indicates the beginning of this phrase: "Lo que queremos saber es ¿cuándo llegarán?" Typewriters with Spanish keyboards or elements are equipped with these special punctuation marks.

Usted, ustedes: As in the case of "señor" and similar terms of address in the salutation, it is considered more courteous to avoid the abbreviations "Ud., Uds." in the body of the letter. These pronouns should be written out in full, with the possible exception of the complimentary close.

COMPLIMENTARY CLOSE

Long-standing usage in Spanish dictated a stereotyped final paragraph identifying the writer or his or her company or both as the addressee's "seguros servidores" or "atentos y seguros servidores" (attos. y ss. ss.) or even "affectionate servants" (afmos. y ss. ss.). These somewhat flowery closing phrases constituted the equivalent of the complimentary closing. They are still used by correspondents who cling to the old ways. Sometimes they are preceded by the phrase "Sin otro particular, quedamos de

7

Uds. . . ." indicating that the writer has to the best of his or her knowledge covered any and all topics up for discussion.

Closings such as the foregoing and "En espera de sus gratas noticias, nos reiteramos de Uds. . . ." or "Esperando vernos favorecidos con su grato pedido, somos de usted . . ." are best avoided. Modern correspondents in Spanish tend to follow the more succinct and practical form used in English, reserving the body of the letter for the actual message to be conveyed, and placing a brief complimentary close below the final paragraph. One of the following may be used:

> Atentamente,
> Muy atentamente,
> De usted atentamente,
> Cordialmente,
> Sinceramente,

As an alternative, a closing sentence such as "Saludamos a usted muy atentamente" is acceptable, but should not be abbreviated to "Saludamos a Ud. atte."

SIGNATURE

The same procedure should be followed as for signing letters in English. The signature is preceded by the name of the company if this is customary in its correspondence. The official name of the organization should not be translated or changed in any way. The title of the writer or indication of his or her department should however appear in a Spanish equivalent:

FAST ZIPPER CORP.   HENRY HOPE ASSOCIATES

Mario Blanco   *James Flood*

Mario Blanco   James Flood
Gerente de Exportación   Departamento de Crédito

INITIALS

Following the usual practice for letters in English, the initials of the person who dictated the letter (even if and particularly when this is not the person who signs it), followed by those of the typist, are placed at the left-hand margin sufficiently below the signature to give the letter a balanced appearance.

LAM:bp   BHR/ps   DHS-pg

ENCLOSURES

If there are enclosures to the letter, a further notation should appear just below the initials. The word "Anexo" or "Adjunto" may be used. The number or nature of the enclosures may be specified if so desired.

JLS:MR   MAS:bdm   EHT/g   ML:s
Anexo   2 Anexos   Adj: cheque Nota de crédito adjunta

The careful secretary will form the habit of appending a handwritten check mark beside the notation of enclosures immediately after placing them with the letter in the envelope as a reminder to himself/herself that they were not inadvertently omitted.

POSTSCRIPT

If it is absolutely necessary to add something after the letter is finished, use the initials P.D. (postdata) on the left margin, and write the message at the bottom of the letter.

CARBON COPY NOTATIONS

As in English, the notation of copies of the letter sent to others besides the addressee appears below the initials and indication of enclosures, if any. Blind copies are noted as usual on the file and blind copies only, with "b.c.c." or "c.c.c." (for "copia carbón ciega") written at the top of these sheets to indicate that this notation did not appear on the original.

CC: branch offices   cc: Sr. Juan Salinas   c.c. al Sr. Jaime Núñez

SECOND SHEETS

If a second page is necessary, avoid squeezing a single line of a new paragraph at the bottom of the first page. Unless there is room for at least two or three lines, start the paragraph on the second sheet.

The name of the addressee should appear at the top of the page, starting at the left-hand margin, and followed by the page number. On the same line, at the right side, the date should be repeated. Pages of both the original letter and the file copy should be stapled together, but should they become separated, this repetition of data at the top of second and successive pages will aid in getting them together again.

ENVELOPE

The envelope should include:
1) Name and address, just as they appear in the inside address
   For the benefit of the local postal employees who must start the letter on its way, don't forget to make the bottom line a clearly understandable version of the name of the country to which it will be sent. If the letter is being mailed from a Spanish-speaking country to Manchester, for instance, "Inglaterra" will be more readily understood by the non-English-speaking mail sorter than "England." On envelopes to be sent from the United States to Madrid, on the other hand, "Spain" is preferable to "España."
2) Return address in the upper left-hand corner
3) Any special mailing instructions (preferably in both languages) above and to the right of the address, below the space where stamps are placed
4) In the lower left-hand corner, any further instructions, such as "Personal," "Please Forward" ("Sírvase reexpedir a la nueva dirección"), "Atención de . . . ", etc. If the letter is addressed to a hotel, it is helpful

to indicate arrival date here: "Debe llegar 10 de abril" or "Favor de entregar a su llegada" (Hold for Arrival), followed by the date.

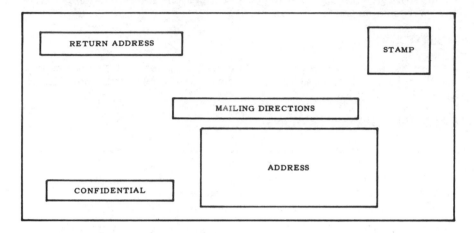

STYLES

The same styles for the presentation of a letter may be used in Spanish as in English.

Full Block

In the full block style of spacing and paragraphing, all of the typewritten parts — with no exceptions — begin at the left margin. The body of the letter is single-spaced, with double-spacing between paragraphs. The advantage of this form is that it saves time otherwise lost in centering or using the tabulator stops.

Standard Block

This differs from the full block in that the date line, complimentary close and signature lines (company name, writer's title, etc.) are in their customary place somewhat to the right of the center of the page. All other parts of the letter are flush with the left margin.

It is suggested that for the best possible appearance of the letter, the date line and complimentary closing be lined up so that they begin at the same distance from the margin. The secretary also has the alternative of centering the date under the letterhead, where, however, it is less easily distinguished.

This is the most popular style in today's business letters. Presentation is attractive, with a minimum of centering and tabulating.

Semiblock (Indented)

The semiblock style is similar to the standard block, with the following changes:

1) the attention and subject lines are centered.
2) the first line of each paragraph is indented (usually five spaces, or multiples of five).

In the days when letters were handwritten, indentation was used to indicate the beginning of a paragraph. Today, most typewritten letters are single-spaced, and double-spacing between paragraphs obviates the need for indenting.

When the letter is so short that double spacing fills the page more aesthetically, indentation still serves the original purpose of showing paragraph division.

Overhanging

A distinctly less common style is the overhanging form, in which the first line of each paragraph in the body of the letter begins at the left margin, with all the suceeding lines of the same paragraph uniformly indented (five or more spaces). All other parts are as in the standard block form.

The chief attraction of this style lies in its novelty: the unusual format is more apt to draw the attention of the reader. The disadvantage is the extra time required for all the additional indentations.

INTERNATIONAL TEXTS

10 Walnut Avenue
Concord, NH 03301
Telephone 603-555-0555

8 de abril de 19--

Sr. Acacio Gutiérrez
Oficina de Educación Comercial
Medellín, Colombia

Estimado señor Gutiérrez:

Me es grato acusar recibo de su atenta carta del 26 de
marzo, en la cual solicita ejemplares de muestra de nuestra nueva serie MIRADOR.

Hemos colocado su nombre en nuestra lista automática de
envíos para mantenerle informado de nuestras publicaciones en el campo de la enseñanza del idioma inglés.

Aprovecho esta oportunidad para informarle que nuestro
representante en Hispanoamérica, el señor Tomás Díez, estará en Medellín a su disposición para cualquier consulta
del 10 al 17 de junio.

Muy atentamente,

Alberto Iglesias
Gerente de Ventas

AI/ndc

FULL BLOCK STYLE

12

INTERNATIONAL TEXTS

10 Walnut Avenue
Concord, NH 03301
Telephone 603-555-0555

12 de mayo de 19--

Prof. Pablo Severo, Director
Ciencias Comerciales
Pasaje Londres 29
México 6, D.F.
México

Estimado señor Director:

Tenemos el gusto de enviarle adjunto un
ejemplar de CONTABILIDAD AL DÍA.

Este texto proporciona al estudiante las
técnicas básicas para aprender contabilidad
utilizando el moderno y dinámico método
concebido por la famosa escuela Arrow
Business Institute.

CONTABILIDAD AL DÍA no es una simple
adaptación de dicho método, sino que constituye en realidad un avance inspirado en
reconocidos principios pedagógicos.

Le recomendamos el texto con todo entusiasmo.

                    Atentamente,

                    Marta Flores
                    Depto. de Promoción

Anexo
MF:apc

STANDARD BLOCK STYLE

13

LABORATORY SUPPLIES

Brookville, PA 19127
Telephone 814-555-0345

21 de julio de 19--

Clínica Beltrán
Apartado 692
Managua, Nicaragua

Atención: Dr. Luis Aguila

Estimado Dr. Aguila:

Muchas gracias por su amable carta del día 10 de
julio. Quiero aprovechar esta oportunidad para felicitarlo por su nuevo cargo y desearle todo el éxito
que Ud. merece.

Por separado le envío el material que me pide,
así como varios ejemplares de nuestro folleto "El
Banco de Sangre" para que se sirva entregarlos a sus
colegas.

Asegurándole nuestra cooperación en todo momento,
le saluda,

Muy atentamente,

Pilar Cuesta

Pilar Cuesta
Depto. Internacional

PC/DM
cc: Ventas

SEMIBLOCK STYLE

14

Maquillaje Milagro

Plaza Bayona León, Guatemala
Teléfono: 345002

15 de abril de 19--

Sra. Ama de Casa
Calle Principal
Ciudad

Muy estimada amiga:

Tenemos el gusto de anunciar el estreno
de una nueva línea de productos
de belleza.

JABONUEVO MILAGRO dejará su cutis
perfectamente limpio y suave.

HUMECTALOCIÓN MILAGRO ayudará a
conservar la piel joven y fresca.

HIDRATAMULSIÓN MILAGRO aumentará la
capacidad de la piel para conservarse, acelerando el proceso
de renovación celular.

Si desea usted recibir una muestra
gratis de estos productos, por favor
llene la tarjeta adjunta y devuélva-
nosla a vuelta de correo.

Atentamente,

MaquiMilagro

MaquiMilagro

OVERHANGING STYLE

MARGINS

Every letter should be "framed" in a marginal border. The left margin is always slightly wider than the right. There should be a minimum of an inch and a quarter on the left, and one inch on the right.

The right-hand margin should be kept as even as possible, with a judicious use of syllable separation where necessary. For a guide to syllabication in Spanish, see "Word Division," page 6.

PUNCTUATION STYLES

In addition to the five styles already discussed for the presentation of the letter, there are three styles of punctuation.

Open Punctuation

Open punctuation refers to the omission of commas and periods at the end of lines used in the typed heading or date line and the inside address. Internal punctuation is of course used wherever required within the line and throughout the body of the letter. The colon is omitted after the salutation, as is the comma after the complimentary closing. Abbreviations are generally avoided with open punctuation, but if they are used, the corresponding periods are placed where needed.

Closed Punctuation

In closed punctuation style, the ends of the lines in all parts other than the body of the letter are "closed" or terminated with punctuation marks. Date, attention and subject lines are followed with a period; each line of the inside address ends with a comma, the final line being concluded with a period. A colon (in England, a comma) is used after the salutation. Commas follow the complimentary close and the firm name, and a period is placed after the writer's name or title.

In keeping with the time-saving tendencies of efficient modern business practice, closed punctuation is less and less frequently used today.

Mixed Punctuation

The most popular style of punctuation of the various parts of business letters today is the mixed, a compromise between the open and the closed forms. No punctuation is used after the date or at the end of the lines of the inside address. There is a colon after the salutation and a comma after the complimentary close. Except for the body of the letter, all further punctuation is considered unnecessary and is eliminated.

WRITING NUMBERS

When figures are to be transcribed in a Spanish text, change the decimal points to commas and vice versa. Spanish usage calls for a period to set off groups of thousands, while a comma replaces the period (decimal point) used in English to separate whole numbers from decimal fractions.

US$10.50	becomes	US$10,50
3,546,975	becomes	3.546.975
6,314.37 km	becomes	6.314,37 km

LA CARTA EN INGLÉS 2

EL MEMBRETE

El membrete forma parte integral de la carta comercial. Es la presentación impresa de las características de la organización, en el papel usado por la oficina para su correspondencia con otras compañías. Generalmente deben incluirse los siguientes datos:

- a. Nombre de la organización o persona.
- b. Descripción o indicación de la naturaleza del negocio: "Representantes", "Industriales", "Editores", etc.
- c. Calle y número; apartado postal, si lo hay.
- d. Ciudad; zona postal, si la hay; país.
- e. Número de teléfono.
- f. Dirección cablegráfica y los códigos que usan; número de Telex.

En caso de que alguno de los datos anteriores, necesarios para que se dirija correctamente la contestación, haya sido omitido, la secretaria debe agregarlos. Se puede simular un membrete en la parte superior de la hoja, proporcionando los datos más indispensables. De otra manera, se puede utilizar el encabezamiento empleado por costumbre en cartas personales, con la dirección sobre la línea destinada a la fecha:

Madero 25
México 1, D.F.
México
May 10, 1975

Se sugiere a aquellas empresas que acostumbran mostrar solamente el número de su apartado postal que además incluyan en el membrete su dirección y números de teléfono, para facilitar el que viajantes de comercio puedan localizar a la empresa sin dificultad.

LA FECHA

La forma más usual de fechar una carta en inglés consiste en escribir primero el mes, seguido por el día escrito en cifras y después una coma, luego el año:

February 22, 1985

Sin embargo, muchas firmas están adoptando el cada vez más popular estilo empleado oficialmente en la correspondencia de algunas dependencias del gobierno norteamericano: primero el día, luego el mes y finalmente el año, sin ninguna puntuación:

22 February 1985

Nótese que en esta parte de la carta, nunca se abrevia el nombre del mes y que en inglés, éste se escribe siempre con mayúscula.

ANOTACIONES ESPECIALES PARA EL ENVÍO DE LA CORRESPONDENCIA

Cuando se desea mandar correspondencia registrada, sea certificada (Registered Mail) o para entrega inmediata (Special Delivery), debe anotarse dos o tres renglones arriba del nombre del destinatario y la dirección interior del servicio que se elija. El objeto de incluir dicho servicio —así como la dirección completa— dentro de la carta es el de tener una constancia en la copia carbón que queda en el archivo.

Desde luego la misma anotación debe aparecer en el sobre, preferentemente en ambos idiomas para que los empleados de correos tanto en el lugar de origen como en el del destino interpreten debidamente el servicio deseado.

Si la carta se considera personal o confidencial, la correspondiente anotación (Personal – Confidential) debe figurar aquí. En este caso el sobre lleva únicamente la anotación "Personal", la cual se escribe en la parte inferior a la izquierda.

Estas anotaciones pueden escribirse en mayúsculas o subrayadas, si así se desea.

LA DIRECCIÓN INTERIOR

La dirección que figura en la carta debe ser la misma que en el sobre, con la única excepción de los espacios: en el interior de la carta es a renglón seguido, mientras que en el sobre suele ser a doble espacio.

En lo que respecta a las calles que llevan números como nombres, los números sencillos se escriben como ordinales, en letras y con mayúscula: First, Second, Third, Fourth, Fifth, Sixth, Seventh, Eighth, Ninth, Tenth. Los números compuestos se escriben con cifras: 23rd, 52nd, 71st, etc. Para estos últimos, los cardinales también son aceptables: 63 W. 107 St.

Cada ciudad, hasta el pueblo más pequeño en Estados Unidos, ya tiene su número de "zip code" asignado por el Departamento de Correos. Se recomienda usarlo siempre para mayor rapidez en la entrega.

Cuando el título o rango oficial del destinatario se incluye en la dirección, éste debe seguir al nombre. No debe abreviarse, pero si es demasiado largo para ser incluido en la primera línea, quedando siempre en proporción con las líneas que siguen, puede continuarse en la siguiente línea, saltando cinco espacios desde el margen:

Mr. John Jones, President
Associated Foundries, Inc.
17 Independence Avenue
Philadelphia, PA 19006
U.S.A.

Dr. Charles Brown, Assistant
   to the President
General Medical Supplies Co.
8314 North Lombard Avenue
Homewood, IL 60430
U.S.A.

El nombre del destinatario debe escribirse exactamente como lo indique su firma; el de la compañía, tal como aparece en el membrete de la carta. Si éste incluye la palabra "The", cualquier palabra abreviada, o el símbolo "&", éstos deben figurar en la misma forma en la carta que se le dirige.

En los nombres de las calles en inglés que incluyen puntos cardinales, éstos se escriben siempre con mayúscula, y preferentemente completos. Cuando se refieren a zonas de una ciudad pueden abreviarse:

2162 North Lane   **1213 Michigan Ave., N.E.**

Contrariamente al uso en español, la costumbre en inglés es que el número preceda al nombre de la calle:

226 Penn St.   440 Park Avenue South   One West 30th St.

La abreviatura "No." y el símbolo "#" son innecesarios y no deben usarse en las direcciones.

"Al cuidado de" se escribe "Care of" o "c/o".

A LA ATENCIÓN DE ...

En caso de emplear esta anotación, debe escribirse dos renglones debajo de la dirección interior, y a dos renglones del saludo. Se coloca preferentemente en medio de la línea. Se usa para facilitar el pronto manejo de la correspondencia y para que la carta llegue sin demora al departamento o persona interesados en el asunto. Muchas oficinas usan simplemente "Attention: Billing Department" o "Attention of Credit Manager".

El mencionar el nombre de determinada persona aquí, en vez de ponerlo como destinatario con la dirección, asegura la atención de quien substituye a este funcionario en caso de estar ausente o haber sido reemplazado. Para el saludo correspondiente, vea la sección siguiente.

EL SALUDO

El saludo o tratamiento inicial se coloca dos renglones debajo de la dirección del destinatario (o de la línea de "Atención", si se usa) y al margen izquierdo. En la correspondencia comercial de EE.UU., siempre es seguido por dos puntos, mientras que la coma se usa después del saludo en cartas personales, sobre todo en las manuscritas. En Inglaterra, se estila usar la coma en vez de dos puntos después del saludo en la carta comercial.

La costumbre de usar "Dear Sir" como tratamiento de rutina en la carta moderna está casi en desuso. En los negocios, es mejor usar el nombre del cliente o destinatario siempre que esto sea factible. La forma correcta es:

Dear Ms. Smith: Dear Dr. Steel: Dear Senator Ross:

Nótese que todos los términos del saludo se escriben con mayúscula, y que Mr., Dr., Mrs., etc. se escriben siempre en la forma abreviada. Sería incorrecto poner "Dear Mister Smith".

Para dirigirse a una compañía, la forma más usada es "Dear Sir or Madam". Si no se sabe el nombre de la persona puede usarse también el nombre del cargo: "Dear Credit Manager" o, sencillamente, "To the Credit Manager". Como es posible que las personas que lean su carta sean del sexo femenino, debe evitarse la limitación de "Gentlemen".

Cuando sólo se sabe el apellido del destinatario, se puede utilizar la mencionada línea "A la atención de . . ." Esto es muy conveniente cuando el que dicta la carta no recuerda el nombre o las iniciales del destinatario, y no hay manera de averiguarlo. El saludo correcto en este caso, puesto que la carta va dirigida a la compañía, es "Gentlemen".

Ejemplos de los saludos más comunes en cartas en inglés:

Dear Mr. Stewart:	Dear Ms. Barry
Dear Dr. Stone:	Dear Mrs. Clofine:
Dear Dr. and Mrs. Bok:	Dear Professor Lam:

LA REFERENCIA

La línea de referencia o asunto se usa cada vez más por las ventajas que ofrece: permite al departamento que recibe la correspondencia pasarla sin demora a la persona o el departamento enterado del asunto. Es además una ayuda para archivar, y para volver a localizar la carta rápidamente una vez archivada, puesto que elimina la necesidad de leer todo el texto para determinar de qué se trata.

Se coloca dos líneas debajo del saludo y en el centro de la línea. La abreviatura "Re" (sin punto y seguida de dos puntos) o la palabra "Subject:" (Asunto) puede usarse, aunque no es necesario. Toda la línea puede ser subrayada.

En comunicaciones oficiales, la referencia figura debajo de la fecha. Para la buena apariencia de una carta comercial, se recomienda seguir la forma aquí indicada.

EL MENSAJE

El texto de la carta empieza dos renglones después del saludo (o de la línea de referencia, si ésta se emplea).

Es imprescindible tener especial cuidado en la forma de presentar los párrafos, sobre todo cuando se escribe en otro idioma, en cuyo caso la claridad es aún más esencial que en el propio.

El estilo impecable exige que, muy estrictamente, la carta comercial correcta trate un solo tema. Sin embargo, en la actualidad cuando ni los funcionarios ni los secretarios disponen de mucho tiempo (para dictar y/o escribir diferentes tipos de cartas) y los gastos de correo representan un factor económico importante, es frecuente incluir en la misma carta todos los asuntos que se necesitan tratar en ese momento con el destinatario. Este procedimiento obliga aún más a observar una cuidadosa división de los párrafos.

Cuando la carta trata varios temas, pueden usarse para mayor claridad breves subtítulos o palabras-clave, sea al principio de cada párrafo o en la línea precedente, con mayúsculas o subrayados, de manera que sobresalgan del texto.

La correspondencia en inglés tiende a ser breve, evitando prosa innecesaria. Las frases cortas son preferibles a las largas, pues expresan la idea con más claridad.

Las reglas de puntuación son prácticamente las mismas en ambos idiomas (Excepción: en inglés no se usa el signo de interrogación o de exclamación al principio de la oración).

Las cartas muy breves se pueden escribir a doble espacio. En este caso, se recomienda el estilo semibloque o escalonado (vea la sección intitulada "Estilos" al final de esta parte), pues de otra manera sería necesario dejar un espacio triple entre los párrafos para que queden netamente separados.

DIVISIÓN DE LAS PALABRAS

En inglés, como en español, se procura mantener el margen derecho todo lo recto que sea posible, dividiendo las palabras cuando sea necesario. Se usa un guión para indicar que la palabra ha sido dividida al fin de la línea. No debe subrayarse la última letra, puesto que en inglés no existe este sistema a veces empleado en español. Tampoco se acostumbra en inglés el poco elegante procedimiento de igualar el margen derecho mediante el uso de una serie de guiones.

La forma correcta de dividir las sílabas de una palabra está indicada en cualquier buen diccionario de inglés. Tanto un diccionario inglés-español como el MERRIAM WEBSTER DICTIONARY en edición de bolsillo se pueden adquirir a precios moderados en todas partes del mundo. Existen además libros muy recomendables para la secretaria cuyo único propósito es indicar la manera correcta de deletrear y dividir miles de palabras en inglés, entre ellos 30,000 WORDS, de World Publishing.

LA CORTESÍA FINAL

La cortesía final o despedida se coloca dos renglones debajo del texto de la carta. Sólo la primera palabra se escribe con mayúscula y generalmente una coma va al final.

Anteriormente se estilaba—en inglés como en español—combinar las frases finales del texto de la carta con el tratamiento final:

Hoping to hear from you soon, we remain
Very truly yours,

En el sistema moderno se prefiere una oración final completa y luego la despedida:

We look forward to hearing from you soon.
Very truly yours,

Las despedidas más acostumbradas en inglés son las siguientes:

Sincerely,   Cordially,
Sincerely yours,   Yours faithfully, (Inglaterra)

"Respectfully", se reserva como tratamiento final en cartas dirigidas a oficiales de gobierno u otros funcionarios de alta jerarquía.

LA FIRMA

Si la persona que firma la carta escribe a nombre de la compañía, el nombre o razón social de ésta debe aparecer en letras mayúsculas debajo de la expresión final de despedida, antes de la firma.

Sincerely,
EDITORIAL MERCEDES

Juan Pérez

Debajo de la firma es indispensable añadir la transcripción a máquina. Muchas firmas son parcialmente o totalmente ilegibles, y la única forma de descifrarlas es la ayuda amablemente proporcionada por la secretaria que pone el nombre y apellido de forma inequívoca.

Es además conveniente indicar el título, cargo, o el departamento del que firma.

Yours very truly,
CERÁMICA SAN LUIS

Rodolfo Flores

Rodolfo Flores
Sales Manager

Sincerely,
GONZÁLEZ, MOLINA Y CÍA.

Enrique del Valle

Enrique del Valle
Legal Department

En las cartas en inglés firmadas por mujeres, a veces se indica, para conveniencia del que conteste, el estado civil de la que escribe:

(Miss) Patricia Steel   (Mrs. James W. Christie)

Una innovación interesante, la abreviación "Ms." para cubrir indistintamente los dos casos, "Miss" o "Mrs.", tiene ya mucha aceptación.

LAS INICIALES

Las iniciales de la persona que dicte la carta (particularmente cuando no sea la que firme) se colocan abajo de la firma, en el margen izquierdo, seguidas de las iniciales de la secretaria o mecanógrafa.

Pueden escribirse en cualquiera de las siguientes formas:

BHR:ps   LAM/rdq   CDA:s   H:m

En cartas personales o informales, se pueden omitir las iniciales.

ANEXOS

Si se mandan anexos con la carta, se anota debajo de las iniciales la palabra "Enclosure" o su abreviatura, "Enc". Se puede, además, indicar la cantidad de anexos o la naturaleza de lo que se incluye.

LMC/dw   MAS:bdm   DHS-pjg

Enclosure   2 Enclosures   Enc: Check

Se sugiere a la secretaria adoptar la costumbre de poner una marca con lápiz o pluma al lado de la indicación de anexos, una vez que los haya puesto dentro del sobre, con objeto de evitar olvidos y equivocaciones.

POSTDATA

Cuando sea necesario agregar algo al texto de la carta después de terminada, se usa la abreviatura "P.S." (postscript), añadiendo el mensaje al pie del pliego.

HOJAS ADICIONALES

Si es necesario usar hojas adicionales, debe evitarse iniciar un párrafo con menos de tres líneas al final de la página. Es preferible dejar un margen inferior más ancho y empezar el párrafo en la página siguiente. De todas maneras, se recomienda dejar un mínimo de dos a tres centímetros al pie del pliego.

En cada hoja adicional debe figurar el nombre del destinatario en el margen superior izquierdo, seguido del número correspondiente. La fecha también debe repetirse en el lado superior derecho. Desde luego las hojas, tanto del original como las copias carbón, deben engraparse. En el caso de que lleguen a separarse, lo escrito en ambos márgenes de la parte superior será una ayuda para juntarlas nuevamente.

Las hojas adicionales deben por supuesto ser del mismo tamaño y color que la primera, con la única diferencia de que no llevan membrete.

EL SOBRE

El sobre debe incluir:

1) El nombre completo y la dirección en la misma forma en que aparece dentro de la carta. Si la carta va al extranjero, es esencial escribir claramente en la última línea el nombre del país, para facilitar el trabajo del empleado postal que debe mandarla a su destino. Se recomienda para eso usar el idioma del país remitente: "Inglaterra", por ejemplo, en vez de "England".

2) La dirección del que escribe en la esquina superior izquierda.

3) Instrucciones especiales para el envío (Registered, Special Delivery, etc.), preferentemente en ambos idiomas, al lado derecho, arriba de la dirección y debajo del lugar destinado a las estampillas.

4) Otras instrucciones, tales como "Personal", "Please Forward" (Favor de reexpedir a su nueva dirección), etc. en la esquina inferior izquierda. Si la carta se manda a un hotel, se usa la frase "Please Hold for Arrival" (Favor de entregar a su llegada), y se recomienda indicar la fecha aproximada o definitiva del arribo del pasajero. Es a la vez conveniente incluir, arriba de la dirección del remitente, la indicación de un plazo razonable para que se devuelva la carta no entregada: "After two months, please return to ..." (Después de dos meses, devuélvase a ...) o "If not claimed by Nov. 5, please return to ..." (Si no se entrega antes del 5 de noviembre, sírvase devolver a ...).

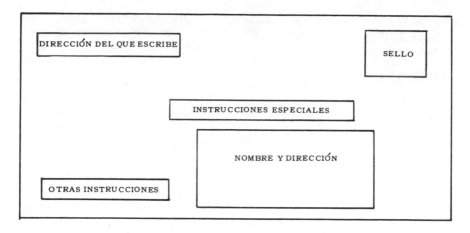

COPIAS EXTRA

Cuando además del destinatario, se envíen a otras personas copias de la carta, la anotación correspondiente debe figurar debajo de las iniciales (o de la indicación de anexos si los hay).

DPC: gar   LAM/fp
cc: Sr. Juan López   c.c. al Sr. Felipe Manero

Hay ocasiones en que es conveniente no marcar en la carta original que se envían copias a otras personas. En este caso, se hace en las copias la anotación "b.c.c." (blind copy, o sea, copia confidencial al carbón). Muchas secretarias acostumbran colocar esta anotación en la parte superior de las copias para llamar la atención del destinatario.

ABREVIATURAS DE LOS ESTADOS DE EE.UU.

Alabama	AL	Kentucky	KY	North Dakota	ND
Alaska	AK	Louisiana	LA	Ohio	OH
Arizona	AZ	Maine	ME	Oklahoma	OK
Arkansas	AR	Maryland	MD	Oregon	OR
California	CA	Massachusetts	MA	Pennsylvania	PA
Colorado	CO	Michigan	MI	Rhode Island	RI
Connecticut	CT	Minnesota	MN	South Carolina	SC
Delaware	DE	Mississippi	MS	South Dakota	SD
District of Columbia	DC	Missouri	MO	Tennessee	TN
Florida	FL	Montana	MT	Texas	TX
Georgia	GA	Nebraska	NB	Utah	UT
Hawaii	HI	Nevada	NV	Vermont	VT
Idaho	ID	New Hampshire	NH	Virginia	VA
Illinois	IL	New Jersey	NJ	Washington	WA
Indiana	IN	New Mexico	NM	West Virginia	WV
Iowa	IA	New York	NY	Wisconsin	WI
Kansas	KS	North Carolina	NC	Wyoming	WY

ESTILOS

Hay varios estilos para la presentación de la carta.

Bloque completo

En este estilo, todos los párrafos, nombre y dirección del destinatario, la fecha, la firma y cualesquiera otras anotaciones se escriben empezando precisamente en el margen izquierdo. No hay excepciones. El texto se escribe a un solo espacio, saltándose una línea entre párrafos.

La ventaja del estilo de bloque completo está en la economía del tiempo que de otra manera se perdería en centrar o usar los tabuladores.

Bloque estándar

Difiere del anterior en que la línea para la fecha, las atenciones finales y la firma (nombre de la compañía, título y nombre del que escribe) se colocan un poco a la derecha del centro de la página. Todas las otras partes de la carta se inician al margen izquierdo. Para la mejor presentación de la carta, la fecha y el tratamiento final (despedida) deben empezar en la misma línea vertical.

Este estilo es el más popular en la correspondencia comercial actual.

Semibloque

Este estilo es similar al bloque estándar, con los siguientes cambios:
1) las líneas correspondientes al "asunto" y a la "atención de . . . " van centradas.
2) los párrafos del mensaje generalmente empiezan a cinco espacios (o múltiplos de cinco) desde el margen izquierdo. En algunos países esto se llama sangría.

En los tiempos en que las cartas se escribían a mano, las sangrías eran necesarias para indicar el comienzo de un párrafo. Ahora la mayoría de las cartas se escriben a máquina a un espacio. La división entre párrafos no se indica por medio de una sangría sino por un doble espacio.

Cuando la carta es muy corta, por razones estéticas puede escribirse a doble espacio. Entonces la sangría vuelve a ser útil para indicar la separación entre un párrafo y otro.

Colgante

El estilo colgante o saliente es el menos común de todos. Consiste en que la primera línea de cada párrafo en el texto de la carta principia en el margen izquierdo y las subsiguientes escalonadas a cinco espacios (o múltiplos de cinco) del margen. El resto de la carta se escribe de acuerdo con el estilo bloque estándar.

Por no ser usual, esta forma es atractiva para cierta correspondencia de propaganda. Su desventaja está en el tiempo que se emplea en escalonar las líneas.

LETTERSTYLES

Crestview Drive Knoxville, TN 37919
Telephone 615/555-0765

January 16, 19--

Ms. Alicia Reyes
Escuela Moderna
Río Piedras, Puerto Rico 00931

Dear Ms. Reyes:

Many of our customers have adopted the
full-block style displayed in the present
letter because of its convenience and
simplicity.

Since each and every one of the typewritten elements of the letter begins
at the left-hand margin, the typist does
not need to spend time--or to risk
mistakes--in tabulating or centering.

Your students should find this the
easiest of all formats to master.

Cordially yours,

Keith Hoyt

Keith Hoyt
Sales Manager

KH:bdr

BLOQUE COMPLETO

VISTAMAR

Casilla 321
La Playa, Chile
Teléfono: 2340506

31 January 19--

Letterstyles
Crestview Drive
Knoxville, TN 37919

Attention of Keith Hoyt

Dear Mr. Hoyt:

In reply to your inquiry dated 14 December
19--, we are happy to provide the data you
request for your style survey.

We prefer to use the modified block format
for our correspondence. We find that its
balanced appearance is most pleasing to
the eye. Aside from the attention or
subject/reference line, the only tabulation
routinely involved is alignment of the date
with the complimentary close.

More than half of the letters we receive
from customers and suppliers utilize this
style, thus attesting to its popularity.

Cordially yours,

Graciela Cochrane

Graciela Cochrane
President, VISTAMAR

GC/sm

BLOQUE ESTÁNDAR

Agencia Siglo XX

Parque Central
Quito, Ecuador
Teléfono 517662

19 January 19--

Mr. Keith Hoyt
Letterstyles
Crestview Drive
Knoxville, TN 37919

Reference: Letter format survey

Dear Mr. Hoyt:

Your inquiry of December 14, 19--, has just reached my desk, and I apologize for the delay in replying.

As you will note from the present letter, we continue to use the semiblock style which we adopted when the company was founded 23 years ago.

The first line of each paragraph is indented, giving the letter a somewhat old-fashioned look that we find embodies a more personal touch.

We look forward with interest to receiving the results of your survey.

Very truly yours,

Ricardo Ponce

Ricardo Ponce

RP:ef

SEMIBLOQUE

30

LETTERSTYLES

Crestview Drive Knoxville, TN 37919
Telephone 615/555-0765

14 December 19__

Mr. Fernando Gil
    Apartado 385
        San José, Costa Rica

Dear Mr. Gil:

We are making a survey of the formats used
    by our customers for their business
    correspondence (full block, standard
    block, semiblock or other). Would
    you tell us which one your company
    prefers?

A sample of each of the various styles is
    attached.

You will note that--solely for purposes of
    the present missive, and as an attention-
    getter--we have adopted the rarely used
    "overhanging" style for this inquiry.
    We trust that it will elicit a prompt
    response, which we will greatly appre-
    ciate.

With every good wish for the holiday season,

                        Sincerely,

                        Keith Hoyt
                        Keith Hoyt
                        Sales Manager

Enc
KH: bdr

COLGANTE

LOS MÁRGENES

Todas las cartas deben quedar "encuadradas" dentro de un límite marginal. El margen izquierdo debe ser ligeramente más ancho que el derecho, con un mínimo de tres centímetros y medio a la izquierda y de tres centímetros a la derecha.

El margen del lado derecho debe conservarse tan parejo como sea posible, dividiéndose la última palabra de la línea en la forma más adecuada cuando esto sea necesario. En inglés, la única forma de indicar esta separación de sílabas es con el uso del guión. Nunca se subraya la última letra como a veces se estila en español.

ESTILOS DE PUNTUACIÓN

Además de los ya mencionados estilos para la presentación de la carta. hay tres estilos de puntuación. Son los siguientes:

Puntuación abierta

La puntuación abierta se refiere a la omisión de signos de puntuación al final de las líneas. No hay comas ni puntos después del nombre y la dirección del destinatario, de la fecha y de la despedida. También se suprimen los dos puntos después del saludo.

La puntuación del texto de la carta se usa como siempre, según sea necesario. La única otra excepción es el punto indispensable después de una abreviatura.

Este estilo abierto se usa muy poco.

Puntuación cerrada

En el estilo de puntuación cerrada, los finales de las líneas de todas las partes de la carta, con excepción del mensaje, se terminan con signos de puntuación. La fecha y las líneas de atención y de referencia terminan con un punto. Cada línea de la dirección interior termina con una coma y la línea final con un punto. La coma se usa después del saludo y de la despedida. Se pone una coma después del nombre de la compañía y un punto al final del nombre o título del que firma.

De acuerdo con las tendencias actuales de economía de tiempo y de eficiencia práctica en el comercio, la puntuación cerrada está casi en desuso.

Puntuación mixta

En la mayoría de las cartas de negocios actualmente, el estilo más popular es el mixto, que representa un término medio entre los dos estilos anteriores.

No se usa ninguna puntuación después de la fecha y de la dirección interior, pero sí se emplean los dos puntos después del saludo y una coma al terminar la frase de despedida o cortesía final. En otras palabras, la puntuación mixta consiste en un mínimo indispensable de los signos de puntuación tradicionales.

TRANSCRIPCIÓN DE CIFRAS

En la transcripción de cifras al inglés hay que cambiar los puntos por comas y las comas por puntos. En inglés se utiliza la coma para indicar grupos de millares; el punto se utiliza para indicar la separación entre números enteros y fracciones decimales. Así tenemos que:

US$10,50	se convierte en	US$10.50
3.546.975	se convierte en	3,456,975
6.314,37 km	se convierte en	6,314.37 km

3 PREFACIO A LAS CARTAS MODELO

La mayor parte de los modelos en las siguientes páginas se limitan a presentar el texto de la carta. Se entiende que los demás elementos, explicados detalladamente en la Parte 2, se agregan según el caso.

En la presentación de las cartas en forma bilingüe, hemos hecho un esfuerzo muy especial para evitar la traducción de un idioma al otro. Tanto en español como en inglés, existen expresiones que no tienen equivalente en otro idioma. Nuestro propósito ha sido el de presentar una carta perfectamente correcta para cada caso, evitando toda huella de traducción literal.

PREFACE TO MODEL LETTERS 3

The first few letters in each of the following sections are presented as complete texts. In the remaining examples, where only the body of the letter is given, all the other elements of the letter, discussed in detail in Part 1, are to be added where needed.

In presenting bilingual versions of the letters, we have avoided direct translation from one language to another. Phrases frequently occur in one language (as in the case of the formal Spanish complimentary closing, intentionally included in some of the examples) for which there is no exact equivalent in the other. Our purpose here is to present a correct version in each language covering a given situation, while avoiding completely the stilted phraseology of literal translation.

I SOLICITUDES

1 COMPAÑÍA SOLICITA REPRESENTACIÓN EXCLUSIVA

10 de enero de 19--

Bradley Brothers
2309 Main Street
Albany, NY 12204

Estimados señores Bradley:

Después de haber estudiado detenidamente los diversos productos que ustedes fabrican, nos permitimos solicitarles nos concedan su representación exclusiva para la República de México.

Nuestra experiencia de diez años en este ramo, el conocimiento del mercado y la red de distribución con que contamos a través de nuestras filiales en todo el país, nos inducen a pensar que tendríamos gran éxito en la venta de sus productos.

Si su respuesta fuera favorable, les agradeceríamos que nos informaran respecto a sus descuentos, plazos y forma de pago, cuota mínima de ventas, publicidad que pudieran suministrarnos y, en términos generales, cuáles serían sus condiciones para firmar un contrato de exclusiva.

En espera de su contestación, aprovechamos esta oportunidad para ofrecernos como sus muy atentos servidores.

Sinceramente,

Juan Luis Ríos

JLR:cv

1   REQUESTING SOLE REPRESENTATION (BY A COMPANY)

10 January 19--

Rainbow Products
2309 Main Street
Albany, NY 12204

Dear Sir or Madam:

After a careful study of the products manufactured by
your firm, we should like to propose that you appoint
us your exclusive representatives for Mexico.

Ten years of experience in this field, plus a thorough
knowledge of the market and the distribution network we
have built up with branches throughout the country, make
us eminently qualified to do a successful job of selling
your line here.

We believe you will find our trade and banking references
quite satisfactory. A list is enclosed herewith for your
convenience.

If this idea appeals to you, please let us know on what
basis you would be willing to grant us your agency for
Mexico. At the same time, we would appreciate information regarding your discounts and payment terms, the
minimum sales figures you would expect and the type of
publicity material you could supply.

We look forward to hearing from you soon.

Sincerely,

Juan Medrano

JM/dm

2   INDIVIDUO SOLICITA REPRESENTACIÓN EXCLUSIVA

Recientemente he organizado una empresa de consignaciones y representaciones, que estoy desarrollando con éxito debido a las buenas relaciones que tengo con el comercio establecido en esta ciudad.

Como creo estar en aptitud de servirles satisfactoriamente, distribuyendo sus productos en esta plaza, les agradecería me informaran de las condiciones necesarias para obtener su representación.

Estoy dispuesto a darles todas las referencias que consideren pertinentes.

En espera de su favorable contestación, los saludo muy cordialmente.

3   SE CONCEDE REPRESENTACIÓN EXCLUSIVA

Acusamos recibo de su grata carta de fecha 6 de marzo, relativa a su solicitud para representarnos en esa plaza.

Sobre el particular, tenemos el agrado de informarles que hemos examinado las referencias que se sirvieron enviarnos y verificado la posición prestigiosa que ustedes gozan en ese mercado. Tendremos mucho gusto en conceder nuestra representación a su estimable firma, seguros de que sabrán corresponder a la confianza que depositamos en ustedes.

Por separado les enviamos el correspondiente contrato de exclusiva ya firmado por nosotros, en el cual se incluyen las condiciones discutidas y aprobadas por ambas partes.

Sólo nos resta desearles mucho éxito en esta empresa. Estamos seguros de que nuestras futuras relaciones comerciales serán siempre motivo de mutua satisfacción.

2 REQUESTING SOLE REPRESENTATION (BY AN INDIVIDUAL)

Some months ago, I started an agency for the representation of various manufacturers. Thanks to the excellent connections which I enjoy with trade outlets in this city, business is progressing very well.

I believe I could do a good job of distributing your products here. If such a proposition is of interest to you, I would appreciate your letting me know on what terms you would be willing to let me represent you.

I will of course be happy to supply you with a list of references, as well as any further information you may require.

May I hear from you soon?

3 GRANTING A REQUEST FOR SOLE REPRESENTATION

In reply to our letter of March 6, regarding the possibility of your representing us, we are happy to advise you that your references are completely satisfactory.

The information that we have received about your company indicates that it is indeed very well regarded. We are therefore pleased to have you represent us, and we feel confident that this relationship will prove mutually profitable.

Under separate cover we are sending you the formal contract appointing you our exclusive agents, signed by us and specifying the various terms which were previously discussed and approved by both parties.

We welcome the opportunity of working closely with you, and we wish you every success in this undertaking.

4 SE NIEGA REPRESENTACIÓN EXCLUSIVA

Nos referimos a su carta fechada 20 de junio, en la que nos solicita usted la representación general de nuestra compañía para la República Argentina.

Sentimos muy sinceramente manifestarle que los compromisos que tenemos actualmente con diversos mayoristas de esa plaza nos impiden por el momento otorgar un contrato de exclusividad. Tenga usted la seguridad de que si cambia esta situación, y vemos la posibilidad de nombrar un representante exclusivo, tendremos muy presente su solicitud.

Damos a usted las gracias por su interés, y le saludamos muy atentamente.

5 SE SOLICITA REPRESENTANTE EXCLUSIVO

El volumen cada vez mayor de los pedidos que ustedes nos han hecho en los últimos seis meses nos hace pensar que quizá sea de interés para su compañía representarnos en su país como agentes exclusivos, para lo cual podríamos hacerles proposiciones ventajosas.

Si esta posibilidad les interesa, estamos desde luego dispuestos a discutir las condiciones del correspondiente contrato.

Les agradeceríamos su contestación dándonos sus puntos de vista sobre este particular.

6 SOLICITUD DE PRECIOS Y CONDICIONES DE VENTA

Sírvanse enviarme una lista completa de sus precios, indicando al mismo tiempo los descuentos que acostumbran conceder a mayoristas, y las facilidades de pago que me pueden ofrecer.

Sin otro particular y en espera de su contestación, me repito su atento y seguro servidor.

4 DENYING A REQUEST FOR SOLE REPRESENTATION

Thank you for your letter of June 20, in which you requested the representation of our firm for Argentina.

Unfortunately, existing arrangements which we have with a number of wholesalers in this territory do not permit us to provide exclusive representation at this time. Should the situation change, we will bear in mind your application.

We are most appreciative of your interest.

5 OFFERING EXCLUSIVE REPRESENTATION

The constant increase in the size of the orders we have received from you in the past six months has suggested to us the possibility that you might be interested in acting as our exclusive agents in your country. This would undoubtedly offer a number of advantages to you in connection with the distribution of our products.

Should this possibility interest you, we will be happy to discuss with you the specific terms of such an arrangement.

Please let us know what you think of this idea.

6 REQUESTING PRICES AND TERMS

Please send me your complete price list or catalog, together with information regarding the discounts and payment facilities you grant to wholesalers.

7 SOLICITUD DE CATÁLOGOS

Procuramos ofrecer siempre a los clientes de nuestra librería una selección completa e interesante de obras en inglés, español, alemán y francés.

Con el objeto de ordenar sus libros antes de la fecha de publicación, les agradeceremos nos envíen regularmente sus catálogos de nuevas obras.

Por lo pronto les agradeceríamos nos mandaran una lista de sus libros más recientes así como un catálogo completo de todas las publicaciones que tengan en existencia.

8 SOLICITUD DE MUESTRAS

Les ruego nos envíen algunas muestras de las distintas calidades de papel para correo aéreo que puedan surtir a sus mercados de exportación.

Tan pronto como recibamos las muestras solicitadas les haremos un pedido de importancia.

9 PETICIÓN DE NOMBRE DE UN DISTRIBUIDOR

Hemos leído con interés el anuncio publicado en la revista Time del 12 de febrero en relación con su nueva máquina copiadora.

Les rogamos informarnos si esta máquina es adaptable a corriente de 50 ciclos, y el nombre de su distribuidor en esta plaza.

10 SOLICITUD DE MATERIAL PARA PUBLICIDAD

Por cortesía del Banco de Comercio de esta ciudad hemos recibido un ejemplar de su ATLAS MUNDIAL, el cual nos parece muy bien presentado.

Sírvanse informarnos si es posible que impriman el nombre y dirección de nuestra compañía en la portada de esa publicación, y la cantidad mínima de ejemplares que debemos ordenarles para ese efecto.

7   REQUESTING CATALOGS

We take pride in offering our customers a complete assortment of the latest best-sellers, as well as standard works in English, Spanish, German and French.

So that we may order your books well in advance of publication, we would appreciate your adding our name to your mailing list to receive your seasonal catalogs as they are issued.

In the meantime, please send us your most recent listing of new books, as well as a complete catalog or checklist of previous publications.

8   REQUESTING SAMPLES

Please send us an assortment of the different grades of airmail paper you can supply to export markets.

As soon as we receive the samples, we hope to place a large order with you.

9   REQUESTING A DISTRIBUTOR'S NAME

We were very much interested in the ad for your new copying machine, published in the February 12 issue of Time.

Please advise us if the machine can be adapted for 50-cycle current and where it may be obtained locally.

10   REQUESTING ADVERTISING MATERIAL

Through the local branch of the Bank of Commerce we have received a copy of your attractively presented WORLD ATLAS.

Would it be possible for us to obtain a supply of these with our imprint? If so, please let us know the minimum quantity that we would have to order.

11   SOLICITUD DE FOLLETO

De acuerdo con su oferta publicada en <u>Selecciones</u> del mes de julio, les agradeceré me envíen su folleto acerca de los cursos de electrónica por correspondencia.

12   SOLICITUD DE PRECIOS DE SUBSCRIPCIÓN

Estamos interesados en suscribirnos a la edición dominical de <u>The New York Times</u>. Por tanto, les agradeceremos nos informen el precio anual, tanto por vía aérea como por correo ordinario.

11 REQUESTING A BOOKLET

Please send me the booklet about your correspondence course in electronics, as advertised in the July issue of Reader's Digest.
Thank you for your courtesy.

12 REQUESTING SUBSCRIPTION PRICES

We are interested in subscribing to the Sunday edition of The New York Times.
Could you let us know the price per year for both airmail and surface mail subscriptions?

II PUBLICIDAD Y VENTAS

1 APERTURA DE NEGOCIO

4 de abril de 19--

Larrañaga e Hijos
Jirón Unión
Lima, Perú

Muy señores nuestros:

Nos es grato informarles que hemos organizado la
empresa cuyo nombre, dirección y teléfonos se indican
en el membrete de la presente circular. Nuestra firma
se dedicará a la importación y exportación de toda
clase de artículos de consumo y productos manufactu-
rados, según podrán ver en la lista que encontrarán
adjunta.

Dada nuestra experiencia en este aspecto del comercio,
además de los especialistas con que contamos en las
distintas fases del intercambio comercial, estamos
seguros de poder atenderlos eficazmente en cualquier
asunto relacionado con estas operaciones.

Tenemos filiales en las principales ciudades del mundo,
lo que nos coloca en posición preferente dentro del
comercio internacional.

Nos sería muy grato atender cualquier consulta que
deseen hacernos para facilitar el desarrollo de sus
negocios.

Atentamente,

Mario Mesa

PROMOTION AND SALES   II

1 ANNOUNCING A NEW FIRM

4 April 19--

Gardner-Allen Co.
32 Park Street
New York, NY 10016

Dear Sir/Madam:

We are happy to announce the organization of the firm
whose name, address and telephone numbers appear in the
above letterhead. Our company will deal with the import
and export of a wide variety of consumer goods, many of
which are indicated on the list attached for your information.

As experts of long standing in this field, backed by a
staff of highly specialized employees, we feel confident
of our ability to offer you the best of service. With
branches in the most important cities of the world, we
are equipped to operate successfully on an international
scale.

Do you have an import or export problem? We will be
glad to help you solve it.

Sincerely,

Greg Hill

GH/lk

2 ENVÍO DE LISTA DE PRECIOS

Atención del Depto. de Pedidos

Acusamos recibo de su carta fechada el 10 de octubre y tenemos el gusto de enviarle adjunta una lista detallada de nuestros precios, con escala de descuentos según el importe de su compra y de acuerdo con los plazos de pago que ustedes elijan.

En espera de sus gratas órdenes, que atenderemos con todo interés, les saludamos atentamente y nos reiteramos sus seguros servidores.

3 ALZA DE PRECIOS

Nos permitimos recordarles que a partir del primero de enero entrarán en vigor los nuevos precios que figuran en el catálogo que les enviamos con anterioridad.

Lamentamos vernos obligados a efectuar esta alza del 5% en nuestros productos. Confiamos que ustedes comprenderán las razones que explicamos con antelación, entre otras, el aumento de los derechos de importación que afecta a las materias primas de primera calidad utilizadas en la manufactura de nuestros artículos.

Esperando seguir contando con su patrocinio dada la alta calidad de nuestra mercancía, quedamos a sus estimadas órdenes y les saludamos muy cordialmente.

4 CAMPAÑA DE PROPAGANDA

Tomando en consideración las numerosas peticiones que nos han llegado, hemos preparado varios folletos ilustrados en los que se detallan con toda claridad nuestros productos, con explicaciones para su uso, así como algunos datos acerca de su fabricación.

La distribución de estos folletos entre su clientela se traducirá, con toda seguridad, en un considerable aumento de sus ventas.

Anexamos para su información unas muestras de los mismos, rogándoles indicarnos la cantidad que necesiten de cada folleto para enviárselos sin demora.

2 ENCLOSING A PRICE LIST

Attention: Order Department

Thank you for your letter of October 10 and for your interest in our products.

We are happy to enclose a detailed price list showing our schedule of discounts. You will note that these are based on the size of the order and the promptness with which payment is made.

We look forward to the pleasure of serving you.

3 INCREASING PRICES

May we remind you that the new prices shown in the catalog which we sent you recently will take effect on January 1.

We sincerely regret the necessity for this 5% increase, but we are confident that you understand the reasons which have made this unavoidable. To mention only one, the application of new import duties has almost doubled the cost of the top-grade raw materials utilized in the manufacture of our products.

We hope that the unsurpassed quality of our merchandise will continue to attract your patronage.

4 OFFERING PROMOTIONAL MATERIAL

In response to numerous requests, we have prepared a number of illustrated leaflets explaining in detail the manufacture and application of the various items we produce.

Distributing these among your customers will, we feel sure, result in a substantial increase in your sales.

Samples of the leaflets are enclosed. If you will let us know what quantities you can use of each, we will be happy to send them to you at once.

5 ENVÍO DE MUESTRAS

En atención al decidido apoyo del público consumidor y a la magnífica acogida de los productos que elaboramos, que se ha reflejado en un constante aumento en nuestras ventas, hemos decidido mejorar aún más la presentación de los envases, sin recargo alguno en los precios.

Por separado les enviamos unas muestras de dichos envases, que servirán de excelente propaganda. En el folleto que se incluye en cada envase, hacemos notar la facilidad de manejo de nuestros productos y la calidad de los materiales usados en su fabricación.

En la seguridad de que este esfuerzo se verá correspondido al recibir un mayor número de sus estimables órdenes, nos es grato repetirnos sus atentos servidores y amigos.

6 MANTENIMIENTO DE PRECIOS

Tenemos el gusto de informar a nuestros estimados clientes que a pesar del aumento en los precios de los productos de nuestros competidores, nuestra firma mantendrá las mismas cotizaciones que dimos a ustedes a principios de este año.

Gracias a las existencias de que disponemos, nos encontramos en posición de poderles enviar las mercancías sin alza alguna en nuestros precios, por lo que esperamos seguir contándolos entre nuestros favorecedores.

Aprovechamos esta oportunidad para saludarlos muy cordialmente.

7 OFERTA ESPECIAL

Tenemos el agrado de participar a nuestros clientes una oferta especial del NEW WORLD DICTIONARY.

Durante el próximo mes de junio, les obsequiaremos uno extra por cada pedido de once ejemplares.

Esperamos aprovecharán esta oportunidad verdaderamente excepcional, dada la constante demanda que tiene en el mercado este diccionario.

5 SENDING SAMPLES

We have been extremely gratified at the widespread acceptance of our products, as shown by the general increase in sales. To make our line even more attractive, we have improved our packaging without any increase in prices.

Samples of the new presentation are being sent to you under separate cover, and we believe you will find these very useful in your sales promotion. We are confident that our products are unequalled in ease of operation and in the quality of materials and manufacture, as is emphasized in the leaflet enclosed in each of the new packages.

We hope that you will agree and that your orders will reflect this confidence.

6 ANNOUNCING NO CHANGE IN PRICING

We are pleased to advise our customers that despite the general increase in price of many competitive lines, we shall continue to fill your orders at the prices quoted to you at the beginning of this year.

Thanks to the inventory which we have been able to maintain in our warehouses, our prices remain unchanged. We urge you to take advantage of this fortunate circumstance, and we look forward to your continued orders.

7 ANNOUNCING A SPECIAL OFFER

We are happy to be able to make the following special offer to our customers for THE NEW WORLD DICTIONARY.

During the month of June, a free copy will be shipped to you with every order for eleven. We urge you to take immediate advantage of this exceptional opportunity to secure additional profit on a book which enjoys such widespread acceptance.

8 NOMBRAMIENTO DE REPRESENTANTE EXCLUSIVO

Nos es grato comunicar a nuestros clientes radicados en la República de Colombia el nombramiento del señor Jorge González como nuestro representante exclusivo en ese importante mercado.

El señor González tendrá siempre en existencia un surtido completo de nuestros productos, lo que evitará demoras en la distribución ocasionadas por la espera de los embarques.

Sus agentes vendedores los visitarán periódicamente para presentarles muestras de artículos nuevos, con la ventaja para ustedes de poder hacer sus pagos en la moneda de ese país. Los descuentos acostumbrados para compras al por mayor seguirán en vigor.

Esperamos que con estas facilidades, que estimamos beneficiosas para todo el comercio, el índice de sus ventas tenga un importante aumento.

Quedamos muy **agradecidos** por su preferencia y deseamos seguir considerándolos en el **futuro** como nuestros mejores clientes y amigos.

9 CONFIRMACIÓN DE PEDIDO DIRECTO

Les damos las más expresivas gracias por su pedido de fecha 20 de marzo en el que nos solicitan el envío de 200 ejemplares de NEW AMERICAN ENGLISH.

Siendo la Agencia Acmé nuestra distribuidora para la República Argentina, les hemos comunicado su interés en obtener esos libros. Las existencias que mantiene dicha agencia le permiten atender sin demora las necesidades de las librerías de esa plaza.

Esperamos que quedarán satisfechos con el buen servicio que recibirán de nuestro representante, y les agradecemos una vez más su interés por nuestras publicaciones.

10 AVISO AL AGENTE DE UN PEDIDO DIRECTO

Adjunta le enviamos copia fotostática de la carta que acabamos de recibir de la Librería Excelsior de esa plaza, en la que nos piden 200 ejemplares de NEW AMERICAN ENGLISH. Adjuntamos también copia de nuestra contestación, en la que les comunicamos que ustedes son nuestros representantes.

Confiamos en que el pedido de estos señores será atendido con la acostumbrada diligencia y buen servicio que proporcionan ustedes siempre a los clientes de esa plaza.

8 ANNOUNCING EXCLUSIVE REPRESENTATION

We are happy to announce to our customers in Colombia the appointment of Mr. Jorge González as our exclusive representative for this important market.

Mr. González will carry a complete assortment of our products at all times, thus eliminating the delay heretofore involved in shipment. Salespeople will visit you at regular intervals with samples of all new items, and you will have the further advantage of being able to make payment in local currency. The usual trade discounts will continue to apply to your wholesale purchases.

We trust that this arrangement will prove beneficial to you and will increase profitably the volume of your sales. We are most grateful for your patronage in the past and hope you will continue to be one of our most valued customers.

9 ACKNOWLEDGING A DIRECT ORDER

We thank you for your order dated March 20 for 200 copies of NEW AMERICAN ENGLISH.

Our distributor for Argentina is the Acme Agency, and we have advised them of your order. They keep in stock a complete assortment of our publications in order to meet the needs of local bookstores without delay.

We are confident that you will be satisfied with the efficient service of our representative. Thank you again for your interest in handling our books.

10 INFORMING A REPRESENTATIVE OF A DIRECT ORDER

We are enclosing a photostatic copy of a letter just received from the Librería Excelsior of your city, ordering 200 copies of NEW AMERICAN ENGLISH, together with a copy of our reply advising them that you are our representatives.

We are confident that the order will receive the customary efficient service you offer to our customers in Argentina.

III PEDIDOS Y REMESAS

---

1 PEDIDO DE MERCANCÍA POR CORREO CERTIFICADO

28 de enero de 19--

Lief and Peress
One West 29th St.
New York, NY 10018

Muy estimados señores:

Les agradeceríamos nos envíen a la mayor brevedad posible, por correo certificado, 50 ejemplares de su libro GUIDE TO SPANISH ZARZUELAS,
cuidando de anotar en sus facturas el número
del certificado que corresponde a cada paquete.

Su factura con el descuento correspondiente
será liquidada tan pronto la recibamos en
nuestras oficinas.

Atentamente,

Ana Castro

Ana Castro

Adj: Pedido
CC : Contabilidad

PLACING AND ORDERS   III

---

1   REQUESTING SHIPMENT BY REGISTERED MAIL

January 28, 19--

Lief and Peress
One West 29th Street
New York, NY 10018

Dear Sir or Madam:

Please send me as quickly as possible, by
registered bookpost

    50 copies of GUIDE TO SPANISH ZARZUELAS.

The registry number corresponding to each
package should be noted on your invoice.

Payment of your invoice bearing the customary
trade discount will be sent to you upon its
receipt.

Very truly yours,

David Díaz

David Díaz

DD:dm

Enc: Order
cc: Accounting Dept.

2   PEDIDO DE MERCANCÍA C.I.F. O F.O.B.

Damos a ustedes las gracias por las muestras que se sirvieron enviarnos.

Les agradeceríamos nos surtieran por vía marítima el pedido que anexamos a la presente, cuyos precios son c.i.f., de acuerdo con sus cotizaciones.

3   PEDIDO URGENTE, ENVÍO AÉREO

Necesitamos con urgencia 50 diccionarios Velázquez, que debemos entregar antes del comienzo del año escolar. Les agradeceremos hagan el embarque por expreso aéreo a nuestra orden, para lo cual les adjuntamos cheque por US$200,00.

Sírvanse remitir la factura y demás documentos por correo aéreo para liquidarles de inmediato el saldo a su favor.

Les expresamos de antemano nuestro agradecimiento por la pronta atención a nuestro pedido, y nos reiteramos una vez más sus atentos servidores.

4   ACUSE DE RECIBO DE PEDIDO

Tenemos el gusto de acusar recibo de su pedido de fecha 13 de enero, de cuyo contenido hemos tomado debida nota. Tengan la seguridad de que atenderemos su estimable orden con la diligencia acostumbrada.

Damos a ustedes las gracias por este pedido y nos repetimos como siempre sus atentos servidores y amigos.

5   AVISO DE DESPACHO DE PEDIDO

Sírvanse tomar nota de que hemos embarcado con esta fecha a su consignación la mercancía especificada en su pedido No. Y-709 del 24 de marzo.

Esperamos que reciban este envío a su entera satisfacción y les damos las gracias por su estimable orden.

2   PLACING A C.I.F. OR F.O.B. ORDER

Please accept our thanks for the sample assortment which you sent in prompt response to our request.

We enclose an order for freight shipment at the C.I.F. prices quoted by you.

3   REQUESTING RUSH ORDER BY AIR

We are in urgent need of 50 Velázquez dictionaries which must be delivered in time for the beginning of the school year. Will you therefore make shipment to us by air express at the earliest possible date? Our check for US$ 200.00 to cover shipping costs is enclosed.

Please send us the corresponding invoice and shipping documents by airmail. Any balance due you will be remitted immediately.

Thank you for helping us out in this emergency.

4   ACKNOWLEDGING AN ORDER

Thank you for your order of January 13 which arrived in today's mail. You may be sure that it will receive the immediate attention of our shipping department.

We appreciate this opportunity to serve you.

5   GIVING NOTICE OF SHIPMENT

We are pleased to inform you that shipment was made today of your order #Y-709 of March 24.

We trust that this merchandise will reach you promptly and take this opportunity of expressing once again our appreciation for your patronage.

6 IMPOSIBILIDAD DE SURTIR PEDIDO

Hemos recibido su pedido de fecha 10 de septiembre, por el cual le damos nuestras más cumplidas gracias.

Lamentamos informarle que la última edición del AUTO REPAIR MANUAL está totalmente agotada, lo que nos impide hacerle su envío como serían nuestros deseos. Nos permitimos sugerirle nos haga su pedido para la próxima edición con bastante anticipación, pues dada la demanda que tiene el MANUAL, las existencias se agotan con mucha rapidez.

En espera de sus nuevas órdenes, quedamos sus atentos y seguros servidores.

7 SUSPENSIÓN DE ARTÍCULOS

Sentimos informales que nos es imposible atender su orden del 30 de julio debido a que hemos suspendido la venta de los productos que nos solicitan. En substitución, podemos ofrecerles al mismo precio los que están marcados con una "x" en el folleto que adjuntamos, garantizándoles que su calidad es superior a los que teníamos en existencia anteriormente.

Quedamos en espera de sus instrucciones y nos repetimos sus atentos servidores.

8 NUEVO PEDIDO, LIQUIDACIÓN DE SALDO ANTERIOR

Nos permitimos enviarles, anexa a la presente, nuestra orden de esta fecha amparando las publicaciones científicas que en la misma se especifican, así como la liquidación por el saldo correspondiente al último estado de cuenta que nos enviaron.

Sírvanse acusarnos recibo y avisarnos la fecha de expedición de su remesa.

6 GIVING NOTICE AN ORDER CANNOT BE FILLED

We are indeed sorry to have to inform you that the last edition of the AUTO REPAIR MANUAL has been completely sold out, so that we are unable to fill your order dated September 10.

The new edition will, however, be available for shipment shortly after the first of January. We would like to suggest that you place your order well in advance, since the MANUAL is much in demand, and we expect our supply to be depleted within a few months.

Please accept our apologies for our inability to meet your needs at this time.

7 ANNOUNCING DISCONTINUATION OF PRODUCTS

We regret to advise you that we no longer stock the items listed in your order of July 30.

If you wish, we will be happy to send you, at the same price, the articles marked with an "x" in the enclosed leaflet. We believe you will find them eminently satisfactory, for we can assure you that the quality is superior to that of the line we formerly featured.

Thank you for sending us your order. We look forward to receiving your instructions.

8 SUBMITTING A NEW ORDER WITH REMITTANCE

We enclose our order of today's date for a number of your scientific publications.

You will also find herewith our check in settlement of your latest statement.

Please acknowledge receipt of these, and let us know the date on which shipment of the order is made.

9 SOLICITUD DE FACTURA PRO FORMA

Les enviamos adjunta nuestra orden No. 1889, que esperamos se sirvan atender con su acostumbrada eficacia y prontitud.

De acuerdo con la actual reglamentación sobre control de cambios en la República de Chile, es indispensable someter a las autoridades una factura pro forma con objeto de que concedan el correspondiente permiso de importación. Les rogamos, por lo tanto, nos la envíen por triplicado, incluyendo además de su importe, un estimado de los gastos de embarque.

Lamentamos la molestia que ocasionan estos trámites, y confiamos como siempre en su cooperación y ayuda en beneficio mutuo.

10 SOLICITUD DE INSTRUCCIONES PARA ENVÍO

Les damos las más cumplidas gracias por su pedido de fecha 10 de julio, que enviaremos de inmediato pues tenemos en existencia todas las partidas que nos han solicitado.

Sin embargo, no especifican la forma de embarque. Aunque el volumen de la orden justificaría que la remitiéramos por flete marítimo, hemos pensado que tal vez fuese más conveniente hacerlo en bultos postales. Les hacemos notar que la diferencia en el costo es relativamente pequeña y el servicio mucho más rápido.

Sírvanse comunicarnos a vuelta de correo su decisión para hacerles el envío cuanto antes.

11 VENTAJAS DE LA CONSOLIDACIÓN DE PEDIDOS

Hemos recibido sus estimables órdenes 6387, 6394 y 6402 pidiendo varias mercancías de los distintos fabricantes que representamos, y mucho les agradecemos esta nueva oportunidad de servirlos.

Nos tomamos la libertad de sugerirles la consolidación de estos pedidos en un solo envío con objeto de evitar embarques separados, pues este procedimiento significaría para ustedes un considerable ahorro en los fletes. Otra ventaja que nos permitimos señalar es la reducción que tendrían en las comisiones bancarias y gastos de corretaje.

Si están de acuerdo, les rogamos darnos su conformidad a vuelta de correo para proceder a empacar los artículos que nos han pedido y enviarles los documentos de embarque sin pérdida de tiempo.

9   REQUESTING A PRO FORMA INVOICE

Enclosed is our order No. 1889, which we hope will receive your usual prompt attention.

Current exchange regulations in Chile require that a pro forma invoice be submitted to the authorities here in order that the corresponding import license be issued. Will you therefore send this in triplicate, including an adequate estimated amount for shipping expenses.

We regret the necessity for this extra paper work. Your efficient cooperation will be to our mutual benefit.

10   REQUESTING SHIPPING INSTRUCTIONS

Thank you for your order of July 10, which we can fill immediately since all the items you list are currently available.

You do not specify, however, just how shipment should be made. The order is large enough to warrant shipping by freight, but the difference in forwarding expenses if it is sent by parcel post is relatively small, and of course the latter method is quicker.

Please let us know your preference by return mail, so that we may make shipment to you without further delay.

11   SUGGESTING A CONSOLIDATION OF ORDERS

We are pleased to acknowledge receipt of orders 6387, 6394 and 6402 requesting the products of different firms we represent.

May we suggest, however, that you might find it significantly more economical if these orders were to be consolidated in a single shipment? If this meets with your approval, we shall proceed immediately to crate the items ordered, incorporating them in one shipment and forwarding the documents to you. This will have the further advantage of reducing the brokerage and banking fees.

Whatever you may decide, your early reply will receive our prompt attention.

12   SOLICITUD DE RENOVACIÓN DE PEDIDOS

Hemos observado con sorpresa que han pasado más de seis meses desde que tuvimos el agrado de despacharles nuestro último embarque. Esperamos que lo hayan recibido a su entera satisfacción y que sus existencias sean suficientes para atender las necesidades de la próxima temporada de Navidad.

Como no queremos perder contacto con tan buenos amigos y excelentes clientes, les enviamos adjunto, para su información, nuestro último catálogo, esperando que los artículos que tenemos actualmente sean de su agrado y nos hagan un nuevo pedido.

Les agradeceríamos se pongan en comunicación con nosotros en un futuro próximo y, mientras tanto, quedamos como siempre sus atentos amigos y servidores.

12   URGING A CLIENT TO REORDER

It has been over six months since we have had the pleasure of hearing from you, and we are concerned. We don't like to lose touch with such valued customers as yourselves.

Your last order was shipped on July 13. We trust that it arrived satisfactorily and that you have sufficient stock on hand for Christmas sale.

Our latest catalog is enclosed for your perusal, and we hope you will find our current line to your liking.

May we look forward to the pleasure of hearing from you again in the near future?

IV CRÉDITOS, PAGOS Y COBROS

1 SOLICITUD DE REFERENCIAS AL CLIENTE

7 de septiembre de 19--

Ediciones Valencia, S.A.
Casilla 39-B
Santiago de Chile

Muy estimados señores:

Mucho les agradecemos su carta de fecha 22 de agosto, así como el pedido que nos enviaron anexo.

El valor de esta mercancía es de $1.473,56 y el flete importa alrededor de $125,00. Con objeto de efectuar la remesa sin demora, les rogamos nos remitan cheque por $1.598,56 o establezcan carta de crédito a nuestro favor por dicha suma.

Nos permitimos sugerirles que si desean abrir una línea de crédito con nosotros, nos envíen sus referencias comerciales y bancarias.

Atentamente,

William Loman

WL:dk

CREDITS, PAYMENTS AND COLLECTIONS IV

1 REQUESTING CREDIT REFERENCES

September 7, 19--

Mr. Carlos Williams
Olney-Babbit Company
1700 Norwalk Avenue
Detroit, MI   48209

Dear Mr. Williams:

Thank you for your letter and order dated
August 22. The order amounts to $1,473.56 and ship-
ping expenses will be approximately $125. If you will
send us your check for this amount, or notice of the
establishment of a letter of credit, we will be glad
to ship at once.

If you are interested in opening an account with
us, send us your trade and bank references. In this
way, future business may be handled on a credit basis.

Very truly yours,

Edward Miller

Edward Miller

EM:dk

2 PETICIÓN DE INFORMES COMERCIALES

La empresa cuyo nombre y dirección indicamos en la hoja adjunta, nos ha dado su nombre como referencia.

Mucho les agradeceríamos nos informaran si las operaciones que tienen con ustedes son de importancia, si cumplen puntualmente con sus obligaciones, y si no tendrían objeción en recomendarlos, ya que deseamos establecer relaciones comerciales con la citada empresa.

En espera de su contestación, que guardaremos con la reserva del caso, les expresamos nuestro agradecimiento.

3 PETICIÓN DE INFORMES BANCARIOS

Nuestros clientes los señores Garza Herrera y Cía., domiciliados en esa ciudad, nos han indicado su institución como referencia bancaria.

Mucho apreciaríamos cualquier informe acerca de su solvencia, prestigio y honorabilidad en los negocios. Cualquier información que nos proporcionen será considerada estrictamente confidencial.

Agradecemos de antemano su atención a nuestra solicitud.

4 INFORMES FAVORABLES

En respuesta a su atenta carta de esta misma fecha, tenemos el gusto de informarle que la firma sobre la cual se interesa ha operado con nosotros durante los últimos cinco años. En dicho período hemos tenido la satisfacción de comprobar su integridad y celo en el cumplimiento de sus obligaciones. Nuestra firma les tiene concedido un amplio crédito y los consideramos clientes y comerciantes de primera categoría.

Esperando encontrarán de su agrado esta información, los saludamos atentamente.

2 REQUESTING CREDIT INFORMATION

The company whose name and address appear on the enclosed memo has given us your name as a trade reference.

We would greatly appreciate your informing us if their volume of business with you is substantial, if they meet their obligations promptly and if you recommend them as clients.

Your reply will of course be held in strict confidence.

3 REQUESTING CREDIT INFORMATION FROM A BANK

Our prospective customers, Henry Hartford Associates of your city, has given us your name as a banking reference.

We would appreciate any information you can give us regarding this firm's credit record, financial standing and general reputation. This data will of course be held in confidence by us.

Thank you in advance for your courtesy.

4 GIVING FAVORABLE INFORMATION

In reply to your letter of today's date, we are happy to inform you that the company about which you inquire has been our customer for the past five years. During this time we have had ample opportunity to appreciate the promptness with which they pay and their efficiency in doing business. We have opened a substantial line of credit for them and count them among our most satisfactory clients.

5 INFORMES DESFAVORABLES

Hacemos referencia a su carta del 8 de marzo en la que nos solicitan informes sobre uno de nuestros clientes.

Lamentamos no poder darles un informe favorable. La empresa no parece conducir sus negocios con eficiencia, no cumple prontamente con sus obligaciones y su situación financiera deja mucho que desear.

En vista de lo anteriormente expuesto, no les recomendamos abrir crédito a dicha firma en este momento.

6 AUTORIZACIÓN DE CRÉDITO

Con su atenta de fecha 10 de abril, recibimos la lista de los bancos y casas comerciales que nos suministró como referencias.

En contestación, tenemos el gusto de informarle que, habiendo sido altamente satisfactorios los informes que hemos recibido, procederemos a efectuar inmediatamente el embarque de la mercancía que usted nos ordena, cuyo importe le cargaremos en cuenta como usted había solicitado.

Quedamos en espera de sus futuras órdenes, a las que daremos nuestra mejor atención.

7 SUSPENSIÓN DE CRÉDITO

Con referencia a su carta de fecha 5 del mes en curso, sentimos manifestarle que hemos suprimido los créditos que teníamos establecidos, razón por la cual no podemos llevar a cabo el embarque de sus mercancías.

Actualmente sólo operamos contra carta de crédito o letra de cambio a la vista. En caso de que acepten uno u otro procedimiento, nos complacería mucho dar curso a su orden de acuerdo con sus instrucciones al respecto.

Esperamos poder enviarles mercaderías a crédito en un futuro próximo.

5 GIVING UNFAVORABLE INFORMATION

Reference is made to your letter of March 8, requesting information regarding the company mentioned therein.

We are sorry to be unable to supply satisfactory references. The firm seems to be inefficiently managed, they have a reputation of being very slow to pay, and their general financial picture leaves a great deal to be desired.

We therefore caution you against extending credit in this instance.

6 AUTHORIZING CREDIT

Thank you for your letter of April 10, giving us a list of your banking and trade references.

We are glad to advise you that the information we have received from these sources has been completely satisfactory and that we will therefore be happy to ship to you on open account the items you request.

We welcome you as one of our customers and look forward to serving you again in the near future.

7 DISCONTINUING CREDIT

In reply to your letter of August 5, we regret to advise you that we have discontinued for the time being all shipments on open account, and we are therefore unable to fill the order you were good enough to send to us.

At present we operate exclusively on the basis of letter of credit or sight draft. If either of these methods is satisfactory to you, we will be happy to put through your order in accordance with your instructions in this regard.

We trust that it will be possible to ship to you on open account at a later date.

8   EXCUSA POR DEMORA DE PAGO

Mucho les agradeceremos se sirvan disculpar la demora en enviarles nuestro cheque en pago de su cuenta por los envíos efectuados hasta el 15 de julio del presente año. El retraso se debió a motivos ajenos a nuestra voluntad, entre ellos la reorganización de nuestro departamento de contabilidad.

Notarán que hemos descontado la suma de $583,00 de acuerdo con su nota de crédito del 17 de agosto, con lo que queda totalmente saldada nuestra deuda.

Les reiteramos las gracias por sus atenciones.

9   SUSPENSIÓN DE PEDIDO POR FALTA DE PAGO

Gracias por su pedido de fecha 4 de marzo, el cual sentimos no poder surtir hasta tanto no cubran el saldo del anterior, que según nuestros libros asciende a la suma de $983,75.

No obstante tener la seguridad de que no lo han liquidado por una omisión involuntaria, nuestro departamento de crédito tiene instrucciones de la gerencia de no aceptar nuevos pedidos cuando los anteriores no han sido totalmente pagados.

En cuanto recibamos dicho saldo estaremos en condiciones de enviarles su pedido inmediatamente.

10   RECORDATORIO DE PAGO

Nos referimos a nuestra carta del 3 de mayo en la que pedimos a usted nos remitiera el importe del adeudo que tiene con nosotros, vencido ya hace más de sesenta días.

Como no hemos podido concederle una nueva extensión a su crédito, le agradeceremos nos explique los motivos que haya tenido para no haber liquidado su saldo oportunamente. Apreciaríamos de modo muy especial un esfuerzo de su parte para hacer, por lo menos, un pago parcial.

Quedamos en espera de su pronta contestación.

8   APOLOGIZING FOR A DELAY IN PAYMENT

Please excuse our tardiness in sending you the enclosed check in payment for shipments made to us up to July 15 of this year. The delay was due to circumstances beyond our control which involved a change in our bookkeeping department.

You will note that we have deducted the amount of US$583.00 in accordance with your credit memo of August 17. The balance noted on the enclosed remittance form represents payment in full of our account with you.

Thank you for your patience.

9   HOLDING AN ORDER BECAUSE OF OVERDUE PAYMENT

Thank you for your order of March 4. We are very sorry, however, to inform you that it is being held by our credit department, pending receipt of $983.75 due us for the last shipment made to you.

We trust you will understand the position of our credit manager, who is unable to release new orders until the outstanding balance has been settled.

Undoubtedly the delay is due to an oversight, and payment may now be on its way to us. Its arrival will enable us to ship your order immediately.

10   SENDING A PAYMENT REMINDER

May we refer you to our letter of May 3, in which we asked you to send payment of the outstanding balance of your account with us, which is now more than sixty days overdue.

Since we can no longer extend the payment terms which we had offered you, we would welcome some explanation as to the reason for this delay. We would particularly appreciate an early effort on your part to make at least a partial payment.

11   INSISTENCIA EN EL PAGO

Nos permitimos llamar su atención sobre el estado de cuenta que adjuntamos, copia del cual les enviamos con nuestra carta del 25 del mes pasado, y que muestra un saldo a nuestro favor de $1.576,29.

Les recordamos que el plazo de pago que les concedimos fue de noventa días a partir de la fecha de la factura. En vista de que han transcurrido más de tres meses desde el vencimiento sin que hayamos recibido su remesa o explicación de la demora, les agradeceremos nos informen en qué fecha exacta nos podrán liquidar este adeudo.

12   DEMANDA POR FALTA DE PAGO

Mucho nos ha sorprendido que no obstante los numerosos recordatorios que les hemos enviado, tratando de que nos liquiden el saldo que tenemos a su cargo, no se hayan servido contestar para proponernos alguna solución. Sentimos informarles que hemos pasado a nuestro departamento legal este asunto para que, en defensa de nuestros intereses, procedan en la forma que estimen más conveniente.

Lamentamos tener que tomar esta decisión, pero la falta de cooperación de su parte nos obliga a dar este paso.

11   INSISTING ON PAYMENT

Once again, we should like to call your attention to the enclosed statement, a copy of which was sent you with our letter of March 25. The amount due is $1576.29.

We wish to remind you that payment is due, as agreed by you at the outset of our relationship, within ninety days of the invoice date. Your remittance is now more than three months overdue, and we have received no explanation from you in the meantime.

Please advise us when we may expect your payment.

12   ANNOUNCING LEGAL ACTION

Your failure to reply to the many letters we have written you regarding the amount long overdue us is beyond our understanding. We have awaited patiently any proposal or explanation on your part regarding the settlement of your account.

We must now regretfully inform you that the matter is being turned over to our legal department for whatever action they decide is necessary. The lack of any word whatsoever from you leaves us no other choice.

V RECLAMACIONES Y AJUSTES

1 CANCELACIÓN DE PEDIDO POR DEMORA

11 de junio, 19--

Agencia Martes
Apdo. 689
Monterrey, N.L.
México

At. Departamento de
Contabilidad

Muy estimados señores:

Re: Demora en los pagos

En vista de que no hemos recibido respuesta a
nuestras numerosas cartas reclamando nuestros
pedidos pendientes, sentimos informarles que
los damos por cancelados en vista de que han
transcurrido tres meses sin que hayamos recibido ningún aviso de que han sido despachados.

Lamentamos tener que suspender por este motivo
nuestras relaciones comerciales con su firma.

Atentamente,

José Martínez

CLAIMS AND ADJUSTMENTS   V

1   CANCELING AN ORDER DUE TO A DELAY

10 July 19--

Mr. Julian Oaks
37 Abbott Circle
Seattle, WA 98177

Dear Mr. Oaks:

Reference is made to the many unanswered letters we have sent you regarding our orders which you have evidently failed to ship.

Inasmuch as three months have gone by without our receiving any word or advice of shipment from you, we are now canceling these orders.

It is with regret that we are obliged to suspend our heretofore satisfactory relations with your firm.

Very truly yours,

Julio Tró

2 RECHAZO DE MERCANCÍA

Sentimos informarles que la calidad del vino que nos mandaron, según factura No. 1108 de fecha 14 de mayo, es muy inferior a las muestras que nos habían enviado antes y que sirvieron de base para nuestro pedido.

Por lo tanto esperamos sus instrucciones respecto a qué destino debemos dar a su envío, pues en estas condiciones no podemos aceptarlo.

3 DEVOLUCIÓN POR ERROR EN EL EMBARQUE

Re: Envío equivocado

En nuestro pedido No. 1475 del 3 del presente de doce piezas de seda, especificamos el color azul rey, marcado en su catálogo con el número 25. A causa de un lamentable error hemos recibido 12 piezas de color azul celeste que no podemos aceptar, puesto que la tela solicitada se destina a uniformes de color oscuro para el Colegio Marymount.

Como dicho error ha ocasionado un gran trastorno al colegio, les agradeceremos nos envíen la tela azul rey a la mayor brevedad posible, en sustitución de la otra que les estamos devolviendo.

4 CRÉDITO POR MERCANCÍA INVENDIBLE

Al revisar el último envío que nos hicieron, correspondiente a nuestro pedido No. 729 de fecha 12 de abril, encontramos que todos los rollos de películas de 16 mm. en colores son invendibles debido a que el plazo para su uso ha expirado.

Se las estamos devolviendo con objeto de que verifiquen la fecha estampada en cada una de las cajas. Sírvanse enviarnos nota de crédito por su valor tan pronto les llegue la mercancía.

2 REFUSING A SHIPMENT

We are sorry to inform you that the quality of the wine covered by your invoice #1108 dated May 14 is distinctly inferior to that of the samples you submitted to us, on which our order was based.

We are therefore unable to accept this shipment and await your instructions as to how to dispose of it.

3 RETURNING AN INCORRECT SHIPMENT

Subject: Error in filling order

In our order #1475 dated January 3 for twelve bolts of silk, we specified the color "Royal Blue," listed in your catalog as No. 25. Through a regrettable error, we have received 12 bolts of light blue, which we are unable to accept. The material is to be used for Marymount school uniforms and must be in the darker shade.

Since the school in question is justifiably upset about the delay, we would appreciate your sending the shade originally ordered as quickly as possible. In the meantime, we are returning the incorrect shipment to you.

4 REQUESTING CREDIT FOR UNSALABLE MERCHANDISE

Upon unpacking the shipment just received of our order #789 dated April 12, we found the 16 mm. color film to be unsalable, since the expiration date for its use has long since past.

We are returning the film to you so that you may verify the date stamped on each of the boxes. Will you be good enough to send us a credit memorandum for the amount in question as soon as this merchandise reaches your warehouse.

5 EMBARQUE INCOMPLETO

Nos referimos a nuestro pedido No. 6385 fechado el 15 de octubre último para informarles que a pesar del tiempo transcurrido nos falta por recibir aproximadamente la mitad de la mercancía. Las partidas no recibidas están marcadas en la copia del pedido que anexamos a la presente para su información.

No obstante nuestros esfuerzos para averiguar el paradero de los bultos que ustedes indican haber embarcado, nos ha sido imposible localizarlos. Les agradeceremos nos envíen la mercancía que falta, ya que posiblemente por error no fue embarcado el pedido completo.

6 RECHAZO DE RESPONSABILIDAD POR PÉRDIDAS

Lamentamos que no hayan recibido todavía la totalidad de su pedido No. 6385. Como la mercancía fue embarcada de acuerdo a sus instrucciones, es decir, en paquetes no asegurados, sentimos manifestarles que no podemos admitir ninguna responsabilidad por su pérdida.

Esperamos que puedan localizar los bultos extraviados, pero en todo caso no dudamos que comprenderán nuestra posición al respecto.

7 QUEJA POR DEMORA EN EMBARQUE

No obstante el tiempo transcurrido desde que les enviamos nuestro pedido No. Y-16 del 22 de febrero, no hemos tenido ninguna noticia de ustedes respecto a su despacho. Les agradeceríamos nos informaran las razones de esta demora que mucho nos ha perjudicado.

Sin duda este retraso obedece a alguna causa razonable, pero esperamos que pongan remedio inmediato a esta situación para evitar la cancelación de nuestros pedidos.

5 GIVING NOTICE OF AN INCOMPLETE SHIPMENT

With reference to our order #6385 of last October 15, we wish to advise you that despite the time which has elapsed, approximately half the shipment has failed to reach us. The missing items are indicated on the copy of the order which we enclose for your information.

Despite repeated efforts on our part to trace the rest of the packages you list as having been shipped, we have been unable to locate them. We would appreciate your sending a replacement shipment of the missing portion of the order, which we feel may have been omitted when the original order was filled.

6 DISCLAIMING RESPONSIBILITY FOR LOSSES

We are indeed sorry to learn that half of the merchandise of your order #6385 has failed to reach you. Unfortunately, since the shipment was made in accordance with your instructions not to insure, we are forced to decline the responsibility for its incomplete delivery.

It is our hope that the missing packages may yet arrive, but that in any case you will understand our position in the matter.

7 MAKING A COMPLAINT ABOUT A SHIPPING DELAY

Despite the time which has elapsed since we sent you our order #Y-16 of February 22, we have had no word from you regarding shipment. We would appreciate your advising us of the reasons for this delay, which is very detrimental to our interests.

Undoubtedly there is some reasonable explanation for your failure to send this merchandise. We hope you will be able to remedy the situation immediately, thus avoiding the necessity for us to cancel the order in question.

8   QUEJA POR MAL EMBALAJE

Lamentamos tener que informarles que los marcos que les ordenamos, según nuestro pedido fechado el 13 de agosto y amparado por su factura No. 1539, llegaron destrozados debido a su deficiente empaque. En vista de que no se pueden vender en esas condiciones,esperamos sus instrucciones en relación con el destino de los mismos.

9   EXCUSAS POR MAL EMBALAJE

Nos sorprendió mucho saber que la mercancía especificada en nuestra factura No. 1539 haya llegado en mal estado. Usamos la misma calidad de embalaje de costumbre y hasta ahora no habíamos tenido ninguna queja de nuestra clientela.

De todas maneras, tendremos mucho gusto en reponerles la mercancía, o bien, abonar a su cuenta el importe del pedido. Esperamos sus instrucciones sobre el particular.

10   PRECIOS EQUIVOCADOS

Ponemos en su conocimiento que en su factura X-3417 fechada el 18 de julio, hay una partida de 10 relojes "Tempo" al precio de $59,00 cada uno.

La orden que pasamos a ustedes fue de acuerdo con su lista de precios del mes de abril, que muestra el precio de $49,00 para ese modelo.

Les agradeceríamos nos enviaran otra factura debidamente corregida, o bien, explicarnos la razón que hayan tenido para aumentar sus precios sin previo aviso.

8 MAKING A COMPLAINT ABOUT POOR PACKING

We are sorry to advise you that the shipment of frames we ordered from you on August 13, covered by your invoice #1539, arrived in pieces due to the inferior quality of the packing which was used.

Since they are completely unsalable, we would appreciate your instructions as to how we should dispose of this merchandise.

9 APOLOGIZING FOR POOR PACKING

We are surprised and sorry to learn that the merchandise covered by our invoice No. 1539 reached you in a damaged condition. We are using the same grade of packing materials as usual, and this is the first complaint that we have received from a customer.

In any event, we will be happy to replace the shipment or to credit your account with the amount of the invoice. Do let us know which you prefer.

10 CORRECTING AN ERROR IN PRICES

Your invoice X-3417 of July 18 includes an item of 10 Tempo clocks, billed at $59 each.

These were ordered on the basis of your April price list, which shows a price of $49 for this particular model.

We would appreciate your sending us a corrected copy of the invoice, or advising us of the reason for the increased price.

11 ERRORES DE CONTABILIDAD

Al revisar su estado de cuenta de fecha 8 de noviembre, hemos encontrado un error sobre el que nos permitimos llamar su atención.

Evidentemente no han tomado ustedes en cuenta nuestra remesa por la cantidad de $2.000,00 con la cual queda reducido el saldo a un total de $5.500,00.

Les rogamos verificar lo anterior en sus archivos y comunicarnos si estamos en lo cierto.

12 EXCUSAS POR ERRORES DE CONTABILIDAD

Lamentamos el error que señalan ustedes en el estado de cuentas del mes de julio y les agradecemos que nos lo hayan indicado en su atenta carta del 15 de septiembre.

Su remesa del mes de agosto por la cantidad de $2.000 ha sido ya debidamente acreditada en su cuenta y por lo tanto estamos de acuerdo en que su saldo correcto es de $5.500.

Les rogamos acepten nuestras excusas por los inconvenientes que les hayamos ocasionado con este motivo.

11 CORRECTING ACCOUNTING ERRORS

We wish to call your attention to a discrepancy which we discovered in checking your statement of account dated November 8. You have evidently overlooked our remittance of $2000, which reduces the total balance due to $5500.

Would you please check your files and let us know if this is correct.

12 APOLOGIZING FOR ACCOUNTING ERRORS

You are correct in stating that there was an error in our July statement,and we wish to thank you for bringing this to our attention in your letter of September 15.

Your August remittance of $2000 has now been properly credited to your account, and we are in agreement on the amount now due of $5500.

Please accept our apologies for any inconvenience this error on our part may have caused you.

VI VIAJES Y VISITAS

1 AVISO DE VIAJE DE REPRESENTANTE

15 de enero de 19--

Sr. Alejandro Ojeda
Edificio Alturas
Caracas, Venezuela

Muy estimado señor Ojeda:

Nos es grato informarle que nuestro representante, el Sr. Joaquín Méndez, tiene proyectado hacer un viaje de promoción por América del Sur durante el próximo mes de abril.

En la lista de clientes que visitará figura la firma que usted dirige, por lo que para su pronta información nos permitimos enviarle adjunto el itinerario que seguirá nuestro representante así como las fechas en que estará en Caracas.

Mucho agradeceremos a usted las atenciones que esperamos se sirva dar al Sr. Méndez en el desempeño de su trabajo en esa plaza.

Lo saludamos con el aprecio de siempre.

Henry Steel

HS:uk

TRAVEL AND TRIP ANNOUNCEMENTS

1 ANNOUNCING A REPRESENTATIVE'S TRIP

15 January 19--

Mr. Alejandro Ojeda
Edificio Alturas
Caracas, Venezuela

Dear Mr. Ojeda:

We are happy to advise you that our representative, Mr. Joaquín Méndez, is scheduling a sales trip to South America during the month of April.

Since Mr. Méndez is looking forward to the pleasure of calling on you, we enclose for your convenience a copy of his itinerary indicating the dates on which he plans to be in Caracas.

Your courtesy to Mr. Méndez will be greatly appreciated.

Sincerely,

Henry Steel

HS/uk

2 ANUNCIO DE VISITA

Me permito poner en su conocimiento que tengo pensado efectuar un viaje a Santiago de Chile, donde tendré el gusto de hacerle una visita tan pronto sea posible.

Espero llegar el 8 de octubre a esa ciudad, donde permaneceré una semana. Le ruego se sirva dejarme una nota en el Hotel Carrera en la que me indique el día y la hora que le sea más conveniente recibirme.

Espero tener el placer de saludarlo personalmente y hasta entonces me repito su amigo de siempre.

3 RESERVACIÓN DE HOTEL

Sírvanse reservar a mi nombre un cuarto sencillo de precio moderado, del 15 al 22 de febrero próximo.

Si es necesario un depósito de garantía, les agradecería me lo hagan saber para enviárselo a vuelta de correo.

Agradeceré su confirmación a la mayor brevedad posible.

4 RESERVACIÓN DE HOTEL POR MEDIO DE UN AMIGO

Mi esposa y yo hemos decidido hacer un viaje a Caracas el mes entrante, por lo que desearía saber si le sería posible obtenernos una reservación garantizada en el Hotel Tamanaco.

Llegaremos en el vuelo No. 44 de Pan American Airways el 27 de enero y estaremos en Caracas aproximadamente dos semanas.

Creo conveniente garantizar la reservación mediante un depósito para lo cual le agradeceré me informe la cantidad que debo enviarle a vuelta de correo.

Espero no causarle demasiadas molestias, y le quedo muy agradecido por su atención. Tanto mi esposa como yo deseamos muy sinceramente saludarlo a nuestra llegada.

2 ANNOUNCING A PROSPECTIVE VISIT

It gives me great pleasure to advise you that I am planning a trip to Santiago, Chile, where I look forward to seeing you shortly after arrival.

I expect to be there on October 8 and stay for one week. Would you be so kind as to leave word at the Hotel Carrera, letting me know when it would be convenient for you to see me?

It will be very pleasant to get together with you again.

3 MAKING A HOTEL RESERVATION

Please reserve for me a medium-priced single room for February 15-22. Should you need a deposit to guarantee the reservation, kindly let me know at once.

Your early confirmation will be appreciated.

4 MAKING A HOTEL RESERVATION THROUGH A FRIEND

My wife and I plan to visit Caracas next month, and I wonder if you could possibly secure a reservation for us at the Hotel Tamanaco.

We plan to arrive on Pan American Flight 44 on January 27 and to remain in Caracas for about two weeks. It might be well to make a deposit with the hotel to guarantee the reservation. If you let me know how much this is, I will send you a check immediately.

I will be most grateful for your help and hope this is not too much bother for you. We are both looking forward to seeing you again.

5 APLAZAMIENTO DE RESERVACIÓN DE HOTEL

Hago referencia a mi anterior de fecha 10 del actual en la que le solicitaba una reservación de un cuarto sencillo para los días 7, 8 y 9 de noviembre próximo.

Como tengo que demorar este viaje, le agradeceré cambiar dichas fechas al 14, 15 y 16 del mismo mes, dándome su conformidad si es posible por cablegrama.

Viajaré en el vuelo 345 de Lufthansa, llegando al hotel aproximadamente a las diez de la noche, de manera que la reservación debe considerarse garantizada.

6 CONFIRMACIÓN DE HOTEL POR MEDIO DE UN AMIGO

Como ya es de su conocimiento, pienso visitar esa ciudad por una semana durante el mes de marzo.

Mis reservaciones en el Hotel Tequendama fueron hechas para los días 7 a 15 de marzo por la agencia de viajes Traveltours de Boston. Como es bien sabido que en ese hotel es difícil encontrar alojamiento, le agradecería confirmar mi reservación, avisándome en caso de que surja alguna dificultad.

Reciba un cordial abrazo de su afectísimo amigo.

7 CONFIRMACIÓN DE HOTEL PARA UN AMIGO

En contestación a su carta de fecha reciente, tengo mucho gusto en avisarle haber obtenido confirmación del Hotel Lancaster, donde pondrán a la disposición de ustedes el apartamiento solicitado, que espero encontrarán agradable y cómodo.

Le agradeceré me informe el número del vuelo y la línea por la cual llegarán a esta ciudad para que mi esposa y yo tengamos el gusto de ir a recibirlos y de conocer personalmente a su señora.

5 POSTPONING A HOTEL RESERVATION

Reference is made to my letter to you of August 10, asking you to reserve a single room for November 7-9 inclusive.

In the meantime my plans have changed, and I would appreciate your transferring the reservation to November 14–16. Please cable me if this is satisfactory.

I plan to arrive on Lufthansa Flight 345 and should reach the hotel around 10 P.M. It is, of course, understood that this is a guaranteed reservation.

6 RECONFIRMING A HOTEL RESERVATION THROUGH A FRIEND

As you know, I am planning to spend a week in your city next March.

My reservation at the Hotel Tequendama was made by Traveltours of Boston for March 7-15. Since I know from experience that the hotel is usually fully booked, I wonder if you would double-check with the reservation clerk. Be sure to let me know if there is any problem.

It certainly will be a pleasure to see you again.

7 CONFIRMING A RESERVATION FOR A FRIEND

In reply to your recent letter, I am happy to inform you that I was able to secure a small suite for you and your wife at the Hotel Lancaster, which I am sure you will find very pleasant.

If you will let me know the flight number and airline on which you are arriving, my wife and I will be happy to meet you. We are both looking forward to the pleasure of making the acquaintance of Mrs. Stevens.

8 CAMBIO DE ITINERARIO

Nos referimos a nuestra carta anterior, de fecha 11 de enero, en la que enviamos a ustedes el itinerario de nuestro representante, el señor Paul Greene.

Acontecimientos surgidos a última hora en Centroamérica nos han obligado a modificar dicho itinerario, por lo que el señor Greene no llegará a esa ciudad en la fecha anunciada anteriormente.

Les adjuntamos copia de su nuevo itinerario y esperamos que les sea posible recibir su visita durante los días que permanecerá en esa ciudad.

9 CANCELACIÓN DE VIAJE

Lamento sinceramente avisarle que no me será posible efectuar el viaje a Sudamérica que tenía planeado para el mes de mayo.

La reorganización de una de nuestras sucursales me obliga a asistir a una serie de juntas, lo que me impedirá por algunos meses salir de esta ciudad.

El cambio de planes me desagrada aún más pues me hubiera dado mucho gusto volver a verle. Ojalá tenga usted oportunidad de venir a Chicago, en cuyo caso podríamos encontrarnos en ésta.

Si esto no le es posible, le prometo realizar mi proyectado viaje en un futuro próximo.

10 AGRADECIENDO AYUDA DURANTE VIAJE

Una vez más doy a usted mis más expresivas gracias por todas las atenciones recibidas durante mi reciente visita a Bogotá. Estoy seguro que sin su amable ayuda no hubiera podido tener el éxito logrado en mis actividades en esa ciudad.

Espero que con motivo de su próxima visita a los Estados Unidos tenga la oportunidad de corresponder a sus gentilezas y, mientras tanto, lo saludo con el mayor afecto.

8 ANNOUNCING A CHANGE OF ITINERARY

We refer to our letter of January 11, enclosing the prospective itinerary of our representative, Mr. Paul Greene.

Last-minute developments in Central America have made it necessary for Mr. Greene to include two extra stops, so that his itinerary has been somewhat changed.

The corrected copy of his schedule is enclosed, and we hope you will be able to receive him on the dates indicated.

9 ANNOUNCING THE CANCELLATION OF A TRIP

It is with considerable regret that I must advise you that I will not be able to make the trip to South America in May as planned.

A reorganization of one of our subsidiaries makes my presence here imperative at this time, for I must attend a series of meetings in this connection in the next few months.

I am particularly disappointed since I had looked forward to the pleasure of seeing you again. Perhaps you will be coming to Chicago, in which case we can get together here. If not, I will definitely plan to make the trip later this year.

10 EXPRESSING THANKS FOR ASSISTANCE DURING A TRIP

Once again, I would like to express my heartfelt thanks for your courtesy to me during my recent visit to Bogotá. I am sure that my stay there could not have been as pleasant and as successful without your generous assistance.

I do hope that on your next visit to the United States you will give me the opportunity to repay your kindness.

VII CARTAS RUTINARIAS

1 CONFIRMACIÓN DE CABLE

15 de septiembre de 19--

Cartuchos, S.A.
Avenida Juárez 9
Tampico, Tamps.
México

Muy estimados señores y amigos:

Me complace adjuntarles, para su archivo, copia del
cable que les enviamos con esta fecha.

Esperamos que hayan podido prestarle la atención
de costumbre y que el embarque se efectúe tan
pronto como les sea posible.

Agradecemos su ayuda en la emergencia en que nos
encontramos, y les quedamos muy reconocidos por
su cooperación.

Atentamente,

Marcos Alvarez

ROUTINE OFFICE LETTERS VII

1 CONFIRMING A CABLE

September 15, 19--

Hill Stationery Supplies
38 Woodside Boulevard
Patterson, NY 12563

<u>Attention: Order Department</u>

Dear Sir/Madam:

Enclosed for your records is a copy of the cable we
have just sent to you.

We trust that it was given your usual prompt attention, and that shipment will be made as quickly as
possible.

Thank you for helping us out in this emergency.

Sincerely yours,

Clinton M. Johnson

CMJ:de

2 CONFIRMACIÓN DE CONVERSACIÓN TELEFÓNICA

Confirmando nuestra conversación telefónica de hoy, les adjunto un memorando que incluye todos los puntos que tratamos. Aunque estoy seguro de que fundamentalmente estamos de acuerdo acerca de la forma de manejar situaciones de esta índole, quisiera no obstante tener su confirmación de que he comprendido bien sus puntos de vista y de que este asunto ha sido interpretado correctamente.

3 ACUSE DE RECIBO DE CORRESPONDENCIA

Acusamos recibo de su grata carta fechada 10 de marzo, en la cual solicita nuestro catálogo más reciente y una muestra de nuestro nuevo producto químico. Adjunto sírvase recibir el catálogo; la muestra se la enviamos por correo aparte.

Esperamos poder servirle en el futuro y anticipamos el placer de recibir su primera orden.

4 AVISO DE OMISIÓN DE ANEXOS

Tuvimos mucho gusto y satisfacción al recibir su grata de fecha 4 de abril, en la que nos informan habernos nombrado sus agentes exclusivos para Centroamérica.

Sin embargo, no llegó con su carta el contrato que dicen habernos enviado anexo. Les agradeceríamos corregir esta omisión en caso de que no lo hayan hecho ya.

Les damos las gracias por esta deferencia y les aseguramos que trabajaremos con todo entusiasmo en la representación de su firma.

2 CONFIRMING A TELEPHONE CONVERSATION

In confirmation of our telephone conversation of today, I enclose a memo covering the principal points we discussed. I believe we are substantially in agreement as to the method of handling future situations of this nature, but would appreciate confirmation that my interpretation is correct and that this matter has been properly stated.

3 ACKNOWLEDGING RECEIPT OF A LETTER

We acknowledge with thanks receipt of your letter of March 10, requesting our latest catalog and a sample of our new chemical product. Enclosed, please find the catalog. The sample follows under separate cover.

We hope to serve you in the future and look forward to the pleasure of receiving your first order.

4 INFORMING A COMPANY OF OMITTED ENCLOSURES

We were very happy to receive your letter of April 4 with the news that you have appointed us your exclusive agents for Central America.
However, the contract which you indicate that you were enclosing was not included with the letter. If this omission has not already been rectified, will you send it to us at your earliest convenience?
We appreciate your confidence in us and assure you of our enthusiastic cooperation in the successful promotion of your products in this area.

5 SECRETARIA MANDA ANEXOS OMITIDOS

Me refiero a la carta que el señor Jones escribió a ustedes con fecha de ayer, en la que, por una omisión involuntaria, no se incluyeron los dos folletos de Relaciones Públicas que en ella se mencionaban, los cuales encontrarán anexos a la presente.

Les ruego acepten nuestras excusas por cualquier molestia que les hayamos causado.

Atentamente,
(firma)
Secretaria del Sr. Jones

6 CAMBIO DE DIRECCIÓN

Por la presente ponemos en conocimiento de nuestros numerosos clientes y amigos que, a partir del primero de septiembre, cambiaremos nuestras oficinas a la dirección que aparece en el membrete de esta carta.

Se servirán notar que tanto los números de teléfono como el apartado postal y la dirección cablegráfica son los mismos que teníamos anteriormente.

Esperamos verlos muy pronto en nuestra nueva dirección, y les invitamos a considerar nuestras oficinas como propias cada vez que visiten esta ciudad.

7 CARTA SIN CONTESTACIÓN

Hace más de un mes que nos permitimos escribirles solicitando precios de varios artículos que aparecen en su catálogo de otoño. Si acaso no han recibido nuestra carta, les adjuntamos una copia, esperando que esta vez nos hagan el favor de atendernos.

Les agradeceríamos nos contestaran por correo aéreo a la mayor brevedad posible.

5   SECRETARY FORWARDING OMITTED ENCLOSURES

In the letter from Mr. Jones which was sent to you yesterday, mention was made of the enclosure of two of our pamphlets on public relations. These were inadvertently omitted when the letter was sealed, and I am sending them to you herewith.

Please accept my apologies for any inconvenience which this delay may have caused you.

Sincerely,
(Signature)
Secretary to Mr. Jones

6   ANNOUNCING A CHANGE OF ADDRESS

We wish to call the attention of our valued customers and friends to our new location as of September 1. The complete address appears in the letterhead above. You will note that our telephone numbers, post office box and cable address remain unchanged.

We hope you will visit our spacious new offices in the near future. Please consider this your invitation to make them your headquarters when you are in our city.

7   INQUIRING ABOUT AN UNANSWERED LETTER

Over a month ago we wrote you asking for a quotation on several items in your fall catalog. In the event that you failed to receive our letter, a copy is enclosed for your convenience.

We would very much appreciate an immediate airmail reply.

8 EXCUSAS POR NO HABER CONTESTADO

Les suplico disculparme por no haber podido dar contestación a su estimable carta del 29 de octubre último. En aquel momento estábamos celebrando nuestra convención de otoño que siempre reúne numerosos vendedores y empleados de distintos puntos del país.

Además, debo confesarles que durante esos días su carta quedó sin atención, perdida en un mar de correspondencia acumulada en mi escritorio, y hasta hoy no he podido contestarla.

Todavía no se han publicado las listas clasificadas que nos solicitan, pero tengan la seguridad de que en cuanto salgan de la imprenta, nos dará mucho gusto enviárselas.

Mientras tanto, vuelvo a pedirles que disculpen la tardanza en contestarles.

9 CARTA SIN CONTESTACIÓN POR NO HABER SIDO RECIBIDA

Fue una verdadera sorpresa el contenido de su grata carta de fecha 3 de marzo, con la que nos adjuntan copia de su anterior del 15 de enero, que seguramente se extravió ya que nunca llegó a nuestras manos.

Según nuestros archivos, desde fines del mes de diciembre no se habían comunicado con nosotros. Pueden tener la seguridad de que hubiésemos atendido sus deseos sin pérdida de tiempo si no hubiera ocurrido este lamentable extravío.

En cuanto nuestro departamento de investigación obtenga los datos que ustedes solicitan, se los enviaremos con todo gusto. Mientras tanto, les rogamos disculpar cualquier inconveniencia que les hayamos ocasionado, lo que aunque sin culpa alguna lamentamos sinceramente.

10 SECRETARIA ACUSA RECIBO DE UNA CARTA

Acusamos recibo de la carta del 21 de julio que dirigió usted al señor Brown, quien actualmente se encuentra fuera de la ciudad en viaje de negocios. Tan pronto como regrese a la oficina, que será a fin de mes, le contestará inmediatamente, dándole los informes que usted necesita.

Sentimos demorar por algunos días su asunto.

Atentamente,
(firma)
Secretaria de G. H. Brown

8   APOLOGIZING FOR FAILURE TO REPLY

Please forgive me for not replying to your letter of October 29. It came during a rather hectic time, when our entire sales force arrived from various parts of the country to attend the fall convention at the home office.

I must confess that your letter became buried under a voluminous stack of correspondence on my desk, and it is only today that I have been able to answer it.

The classified lists you request have not yet been published, but you may be sure that they will be sent to you as soon as they come off the press.

In the meantime, please accept my apologies for the delay in acknowledging your letter.

9   EXPLAINING THAT AN UNANSWERED LETTER WAS NEVER RECEIVED

Your letter of March 3 came as a surprise, for we have no record of any correspondence from you since the end of December, and you may be sure that we would never knowingly allow any word from you to go unanswered for that length of time.

The copy of the letter of January 15 which you thoughtfully enclosed is receiving the immediate attention of our Research Department, and you should have a reply within the very near future.

We regret the inconvenience this inadvertent delay has caused you and assure you that it is through no fault of ours.

10   SECRETARY ACKNOWLEDGING RECEIPT OF A LETTER

Your letter of July 21 addressed to Mr. Brown arrived during his absence from the city on a short business trip. As soon as he returns to the office, which will be around the end of the month, he will undoubtedly be happy to send you the information you request.

Sincerely,
(signature)
Secretary to G. H. Brown

11 SECRETARIA REMITE DOCUMENTOS

De acuerdo con las instrucciones del señor Barry, tengo el gusto de remitirle los siguientes documentos:

1) Poder debidamente legalizado
2) Recibos por los impuestos del año en curso
3) Póliza de seguro No. 92143

Le agradecería que, tan pronto los tenga en su poder, se sirva acusarme recibo.

Atentamente,
(firma)
Secretaria del Sr. Barry

12 CARTA DE RECOMENDACIÓN

A quien pueda interesar:

Tenemos el gusto de hacer constar que la Srta. Noemí Peralta ha trabajado para esta compañía como taquígrafa y mecanógrafa durante los últimos cuatro años, habiendo sido sus servicios altamente satisfactorios. Su eficiencia, puntualidad y dedicación al trabajo la hicieron siempre una empleada modelo. Lamentamos tener que aceptar su renuncia debido a que su familia debe trasladarse a otra ciudad.

La recomendamos con entusiasmo a cualquier persona que necesite de sus servicios, en la seguridad de que quedarán ampliamente satisfechos con la Srta. Peralta.

11 SECRETARY FORWARDING DOCUMENTS

Mr. Barry has instructed me to send you the following documents:

1) Power of Attorney
2) Tax receipts for the current year
3) Insurance Policy No. 92143

Would you be so kind as to acknowledge receipt of these important papers once they are in your hands?

Sincerely,
(signature)
Secretary to Mr. Barry

12 SENDING A LETTER OF RECOMMENDATION

To whom it may concern:

Miss Noemí Peralta has been employed by this company for the past four years, during which time her services as secretary-typist have been eminently satisfactory. She is quick and efficient, punctual, meticulous in her work—in every way a model employee. It is with regret that we accept her resignation, due to the fact that her family is moving away from this city. We recommend her unhesitatingly to any prospective employer.

VIII CARTAS PERSONALES-COMERCIALES

1 SOLICITUD DE EMPLEO

Isla Isabel #659
Ciudadela Jipijapa
Quito, Ecuador
23 de agosto de 19--

J. Gómez y Cía.
Apartado M-1024
Quito, Ecuador

Muy estimados señores:

En respuesta a su anuncio publicado hoy en el Excelsior, adjunto tengo el gusto de enviarles mis datos personales.

Por los detalles contenidos en mi información pueden constatar que estoy capacitado para desempeñar a su satisfacción el puesto que tienen vacante, por lo que espero puedan concederme una entrevista.

Quedo en espera de sus noticias.

Atentamente,

Alfredo Fernández

Alfredo Fernández

PERSONAL BUSINESS VIII
LETTERS

1 APPLYING FOR A JOB

64 Charles Street
Butler, PA 16001
August 23,19--

Star Travel Agency
1003 Carriage Blvd.
Altoona, PA 16602

To whom it may concern:

In response to your notice which appeared in the "Help Wanted" section of today's <u>News</u>, I am enclosing a résumé of my experience.

I hope that you will find my qualifications satisfactory and that you will grant me an interview to discuss the possibilty of my filling the position in question.

May I look forward to hearing from you soon?

Very truly yours,

Jane White

2   SE CONCEDE ENTREVISTA

Agradezco a usted su carta del 9 del presente en la que solicita el puesto de secretario bilingüe. Tomando en consideración que sus aptitudes y experiencia son satisfactorias, tendría mucho gusto en discutir personalmente con usted todos los detalles relativos a este trabajo, su salario y demás beneficios sociales.

Para este fin, le ruego venir a estas oficinas el próximo miércoles, 20 de abril, a las diez de la mañana. En caso de que no le sea posible a la hora y día fijados, mi secretaria podría arreglar otra cita que le fuera más conveniente.

3   CARTA DE RENUNCIA (FINIQUITO)

A quien pueda interesar:

Por la presente hago constar que he trabajado como contador en la Cía. Constructora BICSA desde el primero de agosto de 1982 hasta la fecha, y que esta empresa no me adeuda ninguna cantidad por sueldos, tiempo extra, o cualquier otro concepto.

La renuncia que he presentado de mi empleo se debe a motivos personales y no tengo sino que agradecer las atenciones que me dispensaron durante el tiempo que estuve a su servicio.

4   FELICITACIONES POR ANIVERSARIO

Sírvase aceptar nuestras más cordiales felicitaciones con motivo de la celebración del vigésimoquinto aniversario de haber iniciado sus negocios en esa plaza. Para nosotros ha sido siempre un placer estar asociados con su estimable firma y un motivo de orgullo contarnos entre sus abastecedores y amigos.

Les deseamos continúen teniendo, como hasta ahora, los mayores éxitos.

2 GRANTING AN INTERVIEW

Thank you for your letter of September 23, applying for a position as bilingual secretary. The qualifications which you list appear to be most satisfactory, and I will be happy to have a chance to discuss with you in person details of the work involved, as well as salary and employee benefits.

Could you come to this office next Wednesday morning, April 20, at ten o'clock for an interview? Should this time or date not suit you, my secretary will be glad to arrange an appointment at your convenience.

3 SENDING A LETTER OF RESIGNATION AND QUITCLAIM*

To whom it may concern:

I wish to certify herein that from August 1982 to the present I have held the position of accountant at BICSA Construction Co. and that this company has no outstanding monetary obligation of any kind to me. I have resigned for personal reasons and I was pleased to be of service to the company during that time.

---

* A signed release or quitclaim is frequently needed in certain countries as a means of absolving an employer from any possible obligation to pay additional compensation to employees—domestic as well as office—who have left his or her service. It is included here for this purpose.

4 SENDING CONGRATULATIONS ON AN ANNIVERSARY

Please accept our congratulations on the celebration of your firm's twenty-fifth anniversary. It has been a pleasure to be associated with you, and we are proud to be among your suppliers and friends of long-standing.

We extend to you every good wish for the continued success and prosperity of your firm.

5 FELICITACIONES POR AÑO NUEVO

Al reanudar nuestras actividades en el año que se inicia, deseamos aprovechar la oportunidad para agradecerles su preferencia por nuestros productos y a la vez desearles éxito y prosperidad en sus negocios, tanto en el presente como en los años venideros.

Nos ha sido muy grato servirles y esperamos continuar para mutuo beneficio nuestras cordiales relaciones.

6 CARTA ACEPTANDO INVITACIÓN

Doy a usted mis más cumplidas gracias por su amable invitación a comer *en el Club de Banqueros el martes 12 del presente mes.

Acepto con el mayor gusto ya que esto me brinda la oportunidad de saludarlo nuevamente.

* En México y Centroamérica se usa "comer" (*to dine*) en lugar de "almorzar".

7 CARTA REHUSANDO INVITACIÓN

Lamento sinceramente que compromisos contraídos con anterioridad me impidan tener el gusto de aceptar su gentil invitación al banquete que tendrá lugar el próximo 12 de octubre.

Espero que muy en breve se presente otra oportunidad en que pueda disfrutar del placer de su compañía.

8 AGRADECIMIENTO POR ATENCIONES

Mi esposa y yo les expresamos nuestro agradecimiento a usted y a su esposa por la magnífica hospitalidad que nos brindaron durante nuestra visita a su país. Sus numerosas atenciones nos proporcionaron motivos de gratos recuerdos, y la excursión a los volcanes fue por todos conceptos el momento más bello e impresionante de todo el viaje.

Ojalá que logremos encontrar algo igualmente interesante para mostrar a usted y a su señora cuando nos proporcionen el placer de su visita próximamente.

5 SENDING NEW YEAR'S GREETINGS

As we greet the beginning of a new year, we would like to take time to express our appreciation of your patronage and to wish you prosperity in years to come.

It has been a pleasure to serve you, and we look forward to a continuing, mutually profitable relationship.

6 ACCEPTING AN INVITATION

Thank you very much for your kind invitation to lunch on Tuesday, September 12, at the Banker's Club. I am happy to accept and look forward to seeing you again.

7 DECLINING AN INVITATION

Thank you so much for your kind invitation to attend the banquet to be held on October 12.

I deeply regret that a previous engagement prevents my accepting, but I do hope that it will be possible for us to get together at another time in the near future.

8 SHOWING APPRECIATION FOR HOSPITALITY

Mrs. Forbes and I wish to express our heartfelt gratitude to you and your wife for your warm welcome and generous hospitality during our recent visit to your country. You made us feel like visiting royalty, and the excursion to the volcanoes was the highlight of the whole trip. We shall try hard to find something equally exciting for you and Mrs. González when you are here next spring.

9 AGRADECIMIENTO POR REGALO

Hoy en la mañana tuvimos el gusto de recibir el hermoso cuadro que tan amablemente nos mandó usted, y que nos recuerda la belleza de las montañas cubiertas de nieve de las cercanías de Santiago.

Mi esposa está encantada con su espléndido regalo; lo pondremos en el lugar de honor de la casa. Esperamos que pueda usted verlo aquí muy pronto.

Muy agradecidos por esta demostración de su generosidad y gentileza, le enviamos un cordial saludo.

10 CARTA DE PRESENTACIÓN

El portador de la presente es el señor Carlos López muy buen amigo mío, quien tiene pensado permanecer el mes de octubre en esa ciudad para dedicarse a trabajos de investigación en la preparación de la tesis que presentará para obtener su doctorado.

Como es posible que necesite ayuda para ponerse en contacto con las personas que puedan guiarlo en su especialidad, le ruego se sirva proporcionársela para que logre sus propósitos y consiga la información que le haga falta.

Todo lo que pueda hacer por mi amigo, lo estimaré como un favor personal que le agradeceré muy sinceramente.

Con mis mejores deseos,

11 CARTA DE PÉSAME

Con verdadera pena recibí la noticia del fallecimiento de su señor padre, lo que ha causado una dolorosa impresión en todos los que tuvimos el honor de conocerlo. Siempre lo recordaremos como una persona de grandes cualidades, siendo su pérdida muy sentida por todos sus numerosos amigos.

A nombre de todos en esta oficina, le ofrezco nuestro sincero pésame.

Lo acompaña en su duelo su afectísimo amigo,

(Telegrama)

RUÉGOLES ACEPTEN SENTIDO PÉSAME
FALLECIMIENTO SU SEÑOR PADRE

9 SENDING A THANK-YOU NOTE

Please accept my sincere thanks for the beautiful painting which arrived this morning. It brings to mind most vividly all the beauty of the snow-capped mountains near Santiago.

My wife is also delighted with this lovely gift, and we plan to hang it in a place of honor in our home. I do hope you will have a chance to see it there in the near future.

It was indeed both generous and thoughtful of you, and we are most appreciative.

With warmest regards from both of us,

10 SENDING A LETTER OF INTRODUCTION

The bearer of this letter is my good friend Carlos López, who plans to spend the month of October in your city doing research in connection with the preparation of his doctor's thesis.

It is entirely possible that he may need some help or advice in order to contact the proper authorities in his field. Any assistance you may be able to give him will be greatly appreciated, and I will consider it a personal favor if you will do your best to see that he has access to the information he needs.

With warm personal regards,

11 SENDING A LETTER OF SYMPATHY

It was a great shock to learn of the death of your father, and I speak for all of those in this office who had the pleasure of knowing him when I express our heartfelt sympathy. He was truly a remarkable person, and his loss will be sadly felt by the host of friends he had both at home and abroad.

(Telegram)

OUR DEEPEST SYMPATHY TO YOU AND YOUR FAMILY

12 FELICITACIONES POR ONOMÁSTICO

Recordando que en esta fecha celebra usted su onomástico, tenemos mucho gusto en felicitarlo cordialmente, haciendo votos por su bienestar personal y progreso en sus negocios.

(Telegrama)

HACEMOS FERVIENTES VOTOS POR SU FELICIDAD (CON) MOTIVO (DE) SU ONOMÁSTICO   CORDIALMENTE

12 SENDING BEST WISHES ON A PERSON'S SAINT'S DAY

An exchange of birthday greetings in the English-speaking business world is rare in itself. The "saint's day" or "name day" is unknown. Since it is, however, very important in some Latin countries, particularly in Mexico, we include a short list of the most common names and their respective "days." The unexpected attentiveness of an American or English associate who is thoughtful enough to send congratulations of this sort could well constitute a master stroke of public relations.

The saint's day in Mexico is considerably more important than the birthday—and very conveniently so, since the appropriate reminder may be found on most calendars there, which include a notation of the saint for each day. A short list of the most popular names follows.

Antonio	June 13	Luis	June 21
Carlos	Nov. 4	Margarita	July 20
Carmen	July 16	María	Sept. 12
Francisco	Oct. 4	Pablo	June 29
José	Mar. 19	Pedro	June 29
Juan	June 24	Santiago	July 25

4 EJERCICIOS

MODELOS DE CARTAS PARA EJERCICIOS

Las siguientes cartas se han preparado para que sirvan de ejercicios mecanográficos tanto en la correspondencia en inglés, como en la de español. Cada uno de los estilos indicados en la obra, incluso el muy poco usual estilo colgante, está representado por un modelo de carta.

Nota: Todos los nombres y direcciones que aparecen en los modelos de cartas son ficticios. Cualquier identificación con nombres reales de personas, instituciones o direcciones es meramente fortuito.

EXERCISES 4

MODEL LETTERS FOR EXERCISES

The following letters have been prepared to serve as typing exercises for the English as well as the Spanish correspondence. Each of the styles mentioned in the text, including the overhanging, which is rarely used, is represented by a model letter.

Note: All the names and addresses used in the model letters are fictitious. Any similarity with real names of persons, institutions or addresses, is purely coincidental.

GLOBETROTTERS' TRAVEL

35 Park Avenue, New York, NY 10016
Telephone 212-555-0987

July 22, 19--

Mr. & Mrs. David Jones
305 Nassau Avenue
Freeport, NY 11520

Dear Mr. & Mrs. Jones:

We are happy to confirm your reservations for our
September Andean Tour. On September 13 at 8:00 A.M.
we will pick you up at our designated point for our
transfer to New York via motorcoach, and at this
time we feel that our return transfer should have
you back at home at 8:00 P.M. on September 29.

The all-inclusive price of your tour is $2090 per
person, with an initial deposit of $200 per person
due immediately and the balance due no later than
April 1.

I look forward to hearing from you in the near
future.

Sincerely,

Simon Quinn

Sawyer Distributors

Eighth and Allegheny Streets
Scranton, PA 18505
Telephone 717/555-0123

14 December 19--

Dear Mrs. Damiani:

Next year will mark our sixtieth anniversary. Sawyer Distributors is indeed fortunate to have the patronage of customers such as yourself, with whom we have enjoyed a steadily growing volume of business.

Your regular orders have helped this company become what it is today, and I want you to know how much we appreciate your support. We look forward to continuing to supply your needs for all popular brands of the finest chocolates, nuts and candies.

Please accept our best wishes for the holiday season and a prosperous New Year.

Sincerely,

Eric H. Sawyer III

Mrs. Glenda Damiani
Rainbow Groceries
Huntington, PA 16652

PASSBOOK PRODUCTS
699 Ferry Road
St. Louis, MO 63123
Telephone 314/555-0011

15 June 19--

Delta Systems
450 Barnes St.
St. Paul, MN 55109

Dear Sir/Madam:

Thank you for your interest in becoming a Passbook Products distributor. We would appreciate your sending us the following information about your company:

1. Are you a manufacturing firm or a distribution company only?

2. What are the specific items in your product line?

3. What is the geographic area of your sales coverage?

4. How many salespeople do you employ?

Upon receipt of this information, we will get in touch with you again.

Very truly yours,

John R. Hunt
Sales Manager

JRH/ms

SYLVAN INN
Lionville, PA 19353
Telephone 215/555-0297

March 29, 19--

Mr. Sam Proctor
Atlas Club
50 North Bradford Avenue
West Chester, PA 19380

Dear Mr. Proctor:

I am writing to confirm arrangements for the annual
Sports Banquet on the Fourth of July. There will be
approximately 40 persons attending. The schedule for
the evening will be as follows:

                    6:30 P.M. -- Cocktails
                    7:00 P.M. -- Dinner
                    9:00 P.M. -- Group departs

Dinner is priced at $6.75 per person plus 6% tax and
15% gratuity. The bar will be billed on a consumption
basis. A guaranteed number of attendees is needed
forty-eight hours in advance.

If all of the above meets with your approval, please
sign and return one copy of this letter to me.

I thank you for selecting the Sylvan Inn of Lionville
and look forward to hosting this banquet for the Atlas
Club.

Sincerely,

Maria G. Johnson

Maria G. Johnson
Sales Manager

                              _____
                              Sam Proctor   Date

City Systems, Inc.

9 Wall Drive
Clovis, NM 88101
Telephone: 505/555-0505

July 12, 19--

Mr. Juan González Osuna
123 Main Street
Atlanta, GA 30818

Dear Mr. González Osuna:

We are happy to inform our stockholders that the
Board of Directors of City Systems Inc. has declared
a regular quarterly dividend of 73.5 cents per share
on the common stock of the corporation, payable on
August 16, 19-- to stockholders of record as of July
31, 19--.

Earnings on common stock for the quarter ended June
30, 19-- were $31,256,000, or $0.89 per share as
compared to $0.95 per share for the same quarter
last year. Sales volumes for the period were approximately 14% lower than last year, a decline due pri-
marily to higher utility rates.

A proxy for the forthcoming annual meeting is enclosed for your convenience in the event you are
unable to attend in person.

Cordially,

Louis Simek
Chairman

Enc
LS:rfp

SISTEMA BANCOMEGA

Cáceres 32 Madrid 5 España   Teléfono: 232-2692

Tenemos el gusto de participar a nuestros clientes que estamos instalando máquinas de autoservicio bancario en todas las filiales del Sistema Bancomega.

Esto les permitirá obtener dinero en efectivo o información sobre sus cuentas durante las 24 horas del día y los 7 días de la semana. Además podrán pagar sus cuentas de las empresas de servicio público por este medio.

Para obtener su tarjeta personal de autoservicio, sírvase llenar la solicitud adjunta y envíela hoy mismo.

Estamos siempre a sus órdenes.

CHEM-PRISM

638 Broadway, New York, N.Y. 10003
Telephone 212/555-0212

3 de marzo de 19--

Sr. Alfonso Jiménez
Textiles Excelsior
11 Vía del Norte
Cali, Colombia

Estimado señor Jiménez:

Muchas gracias por su reciente orden de febrero 23, la
cual saldrá de nuestros almacenes dentro de dos días.

Siempre nos es grato mantener contacto frecuente con
todos nuestros clientes, y la casa que usted dirige se
ha hecho acreedora de toda nuestra estimación por la
seriedad de su administración y la prontitud en los
pagos.

Ya habíamos notado la ausencia de sus órdenes por un
plazo más largo que de costumbre y nos complace saber
que sus operaciones se han extendido a una nueva planta
que le permitirá un nivel mayor de producción.

Queremos aprovechar la oportunidad para desearles en
esta nueva etapa los mayores éxitos para su firma, y
para usted, de un modo muy personal.

Sinceramente,

Thomas McCormick
General Sales

Escuela de Agronomía

Universidad del Monte
Asunción, Paraguay

2 de julio de 19--

Instituto de Silvicultura
Lima, Perú

Atención del bibliotecario

Estimado amigo:

A petición del consulado de su país,
tenemos el gusto de enviarle por
separado los siguientes cuadernos:

Conservación de suelos
Técnica ecológica forestal
Problemas ambientales
Introducción a la microecología
Planificación del cultivo.

De ahora en adelante le mandaremos
el boletín mensual sobre nuevos
artículos en el campo de la silvicultura.

Nos es grato saludarlo.

Muy cordialmente,

Angela Duarte

AD/sl

Las Guitarras

340 Morena Blvd. San Diego CA 92110
Telephone 714/555-0714

Sr. Cristóbal Piñera
Distribuidora Melodía
27 Santa Ana Ave.
Sacramento, California 95823

Estimado señor Piñera:

Hemos pasado a nuestro departamento de pedidos los
títulos indicados por usted en la lista adjunta.

Para facilitar la tramitación de pago, por favor marque
con una (X) la forma que prefiere y llene los espacios
en blanco.

/_/ Pago contra entrega de correo (COD)

/_/ Tarjeta de crédito _____
    número _____
    válida hasta _____

Orden no. __*634*_____
Nombre _____
        (Favor de escribir en letra de molde)
Dirección _____
          _____
          _____
Teléfono _____

___ de _____ de 19__   _____
                                   Autorización

Gracias por su atención.

LAS GUITARRAS
Depto. de Contabilidad

Nueva Ficción

Paseo de Martí y La Gobernadora
Caracas 107, Venezuela
Teléfono: 91-45-20

15 de abril de 19—

Sr. Luis M. Sotolongo
Apdo. de El Marqués 1C
Caracas 1070
Venezuela

Estimado señor Sotolongo:

Tenemos el gusto de participarle que el jurado de nuestro
concurso de cuentos cortos ha decidido otorgarle a su
cuento "Tenemos un nuevo gerente" el primer premio. Además
de publicarse en la edición especial de primavera, el cuento
premiado aparecerá en la antología que está preparando la
editorial Minerva con las obras premiadas en este concurso
durante los últimos cinco años.

Según habíamos anunciado, los escritores ganadores recibirán
también un premio en efectivo. Dentro de unos días le enviaremos un cheque por la cantidad de US$1.000, para lo cual le
agradeceríamos nos acusase recibo de esta carta.

Lo felicitamos muy calurosamente por su éxito en tan reñida
competencia y le auguramos un futuro brillante en las letras
hispanoamericanas.

Sinceramente,

Patricia L. Smith

PLS/jm

Notes

Notes

Notes

Notes

Notes